Hannes Stein
Endlich Nichtdenker!

W0064031

PIPER

Zu diesem Buch

Es ist eigentlich eine Binsenweisheit: Denken mindert die erotische Attraktivität und macht einsam. Wer geht schon mit einer Brille tragenden Intelligenzbestie ins Bett oder will bei einem ewigen Zweifler in der Stube sitzen, während andere fröhlich in der Kneipe feiern? Besserwisserische Diskussionen mit dem Chef haben schon so manche Karriere zerstört – und jeder weiß: langes Sitzen und intensives Grübeln über die Welträtsel zerrütten die Gesundheit. Aber wie dem Denken entsagen? Selten gelingt einem echten Denker der Ausstieg. Hannes Steins Buch zeigt, dass es eigentlich ganz leicht ist. Sie lernen in acht Lektionen, ohne Streitgespräche stets in Harmonie mit ihrer Umgebung zu leben. Sie lernen, sich ohne Augenzwinkern mit ihrer ethnischen Gruppe zu identifizieren, und Sie lernen, mit leerem Schädel und vollem Herzen glücklich zu sprießen wie frisches Gemüse im warmen Mai. Schlagen auch Sie sich mit Hannes Steins Handbuch auf die Sonnenseite des Lebens!

 *Hannes Stein*, geboren 1965 in München, aber aufgewachsen und belehrt im österreichischen Salzburg. Seit Abschluss seines Studiums der Anglistik, Amerikanistik und Philosophie verdingt er sich als Publizist, zunächst für die Frankfurter Allgemeine Zeitung, dann für den Spiegel. Seit 2001 ist er Redakteur für die Literarische Welt in Berlin. Er veröffentlichte bisher: »Endzeit-Propheten oder Die Offensive der Antiwestler« (zusammen mit Richard Herzinger), »Moses und die Offenbarung der Demokratie«, »Endlich Nichtdenker! Handbuch für den überforderten Intellektuellen« und zuletzt »Enzyklopädie der Alltagsqualen«.

Weiteres zum Autor: www.hannesstein.de und www.achgut.de

Hannes Stein
Endlich Nichtdenker!

Handbuch für den überforderten Intellektuellen

Mit praktischen Übungen

Piper München Zürich

Mehr über unsere Autoren und Bücher:
www.piper.de

This book belongs to Kristin
who wants to be called Maya.
What's in a name?

Mix
Produktgruppe aus vorbildlich bewirtschafteten
Wäldern und anderen kontrollierten Herkünften
www.fsc.org Zert.-Nr. GFA-COC-001223
© 1996 Forest Stewardship Council

Ungekürzte Taschenbuchausgabe
Piper Verlag GmbH, München
1. Auflage April 2006
5. Auflage März 2010
© 2004 Eichborn AG, Frankfurt am Main
Umschlag: semper smile, München
Umschlagabbildung: Quint Buchholz
Autorenfoto: Christa Kujath
Satz: Fuldaer Verlagsanstalt, Fulda
Papier: Munken Print von Arctic Paper Munkedals AB, Schweden
Druck und Bindung: CPI – Clausen & Bosse, Leck
Printed in Germany   ISBN 978-3-492-24507-4

Inhalt

Einführung:
Die Nachteile der Intelligenz

Geneigter Leser! Entzückende Leserin!

Manchmal kommt es mir vor, als sei mein Leben bisher nur eine Vorbereitung gewesen, um dieses Buch zu schreiben. Nachdem ich nämlich die kostbarsten Jahre mit Denken vertrödelt hatte – Jahre, die ich besser selig lächelnd verbracht hätte, Jahre, in denen ich ungetrübt die reine Existenz hätte genießen können –, kam eines Tages der Augenblick der Erleuchtung. Er kam ganz leicht über mich, dieser Moment, und mit einem Mal fiel alle Last von mir ab: Ich beschloss, mit dem Denken einfach aufzuhören. Diesen Entschluss habe ich nicht eine Sekunde lang bereut. Nun möchte ich so viele Menschen wie möglich an den *Genüssen des Nichtdenkens* teilhaben lassen. Darum habe ich mich aufgerafft, diesen bescheidenen Ratgeber aufs Papier zu werfen.

Hinsichtlich meiner schriftstellerischen Fähigkeiten hege ich keine Illusionen. Zum Glück sind sie aber auch ganz nebensächlich, solange nur die innere Wahrheit meiner Botschaft spürbar wird. Diese Botschaft lässt sich in einem glanzlosen Satz zusammenfassen: »Es kommt darauf an, das Denken zu verlernen.« Ich hoffe zuversichtlich, dass dieser Slogan auf fruchtbaren Boden fällt, dass er Früchte tragen wird. Die Älteren unter uns erinnern sich gewiss noch: Es galt einmal als akzeptables Benehmen, wenn man sich – wie das damals so treffend hieß – »den Kopf zerbrach«. Mittlerweile aber dürfte die Zeit reif für die Einsicht sein, dass dies eine nicht nur gesundheitsschädliche, sondern auch zutiefst unsoziale Form des Verhaltens ist. Deshalb habe ich mir vorsorglich schon einmal ein Dutzend Waschkörbe gekauft, um Ihre Zuschriften, liebe Leserinnen, darin aufzubewahren. Meine Lieblingscousine meinte nach Lektüre des Manuskripts immerhin: »Dies ist das beste Buch, das je geschrieben wurde.« Bitte seien Sie also nicht zurückhaltend mit Wortmeldungen der Art »Sie sind ein Genie« bzw. »Sie sollten zum Ritter geschlagen werden«, aber auch »Ich bin für die Monarchie – mit Ihnen als König« wird hieramts gern und gerührt vernommen. Solche Briefe werden mir beweisen, dass Sie meine Lektionen beherzigt haben.

Bitte verstehen Sie mich nicht falsch. Das, was ich Ihnen hier vorschlage, ist keine Hexerei. Es hat nichts mit Magie oder Mystik zu tun: Jeder kann aufhören zu denken, und das ganz ohne Schwierigkeiten. Im Grunde ist es nämlich eine Art *horror vacui*, die uns weiterdenken lässt – die Angst, dass das Leben ohne Gedanken seinen Wert verlieren könnte, die Furcht, man könnte unter einem schwarzen Verlustgefühl leiden. Nichts könnte weiter von der Wahrheit entfernt sein. Das Leben ist ohne Denken nicht nur genauso lebenswert; es macht sogar deutlich mehr Freude. Überlegen Sie doch! Ihre Gehirnkapazitäten werden auf der Stelle frei, wenn Sie nur aufhören, von ihnen Gebrauch zu machen. Dies hat zur Folge, dass Ihre Sorgen dahinschmelzen wie Waffeleis in der Hand eines Kindes an einem heißen Sommertag. Nicht einmal Krankheiten können Sie noch beunruhigen. Und weiter unten werde ich ausführen, dass sogar mit einer Verbesserung Ihres Kontostandes zu rechnen ist. Gerade rechnen müssen Sie dann freilich nicht mehr.

Es gibt Hoffnung. All den Unglücklichen, die seinsvergessen den Frieden ihrer kleinen grauen Zellen stören, kann es leicht fallen, mit dem Denken aufzuhören. Auch Ihnen, mein Herr mit dem Doktorhut und dem blasierten Gesichtsausdruck!

Ein betrüblicher Lebenslauf

Sie fragen sich jetzt vielleicht, wie ausgerechnet ich dazu komme, dieses Buch zu schreiben. Kann ich fachliche Diplome, akademische Grade vorweisen? Bin ich promovierter Fernsehphilosoph oder Modefriseur, also von Berufs wegen mit den Genüssen des Nichtdenkens beschäftigt? Verstehe ich mich als Gründer einer neuen Religion? Nichts von alledem. Die Antwort ist viel einfacher – und sie entbehrt nicht einer tragischen Note. Ich habe ungefähr die Hälfte meines Lebens ans Denken verplempert. Noch heute erinnere ich mich nur mit Schaudern daran! An schlechten Tagen hatte ich bis zu fünfzig Einfälle; jedoch plagten mich nie weniger als drei ausgewachsene, hochtrabende Ideen.

Ich habe mehrere so verzweifelte wie vergebliche Versuche unternommen, mit dem Denken aufzuhören. Einmal habe ich geschlagene neun Wochen lang nichts gedacht – und ich ging, bildlich gesprochen, immer noch die Wände hoch. Im Zugabteil sah ich Leuten über die Schulter, die ein Buch lasen, um einen fremden Gedanken zu erhaschen; ständig verspürte ich den bohrenden Drang, Gespräche zu führen, in denen es um etwas anderes gehen sollte als, sagen wir, die sexuellen Vorlieben meiner Kollegen. Am Ende wurden meine Entzugserscheinungen so schlimm, dass ich Wahnvorstellungen entwickelte. Im Traum erschienen mir Geistesriesen wie Sokrates, Nietzsche und Stephen Hawking und fingen an, mit mir herumzustreiten. »Erkenne dich selbst«, sagte der eine, der andere meinte: »Wer mit Ungeheuern kämpft, mag zusehen, dass er nicht dabei zum Ungeheuer wird.« Der Dritte aber ergänzte: »Schwarze Löcher sind gar nicht so schwarz.« Weg mit euch!, schrie ich stimmlos im Traum. Ich brauche euch nicht in meinem Kopf! Nach dem Aufwachen wurde mir schmerzhaft bewusst, dass ich im Begriff war, der Verführung nachzugeben. Wie sollte ich ihr widerstehen? Mit welchem Wachs sollte ich armer Odysseus mein Gehirn verstopfen, um für die Sirenengesänge des Denkens taub zu sein?

Die entscheidende Frage freilich, die ich mir damals noch nicht vorzulegen wagte, lautete: Wie hatte es so weit kommen können? Wieso frönte ich – meinem Naturell nach ein eher lebenslustiger Mensch – ausgerechnet dem Laster des Denkens?

Die Wahrheit ist, dass ich schon früh auf die abschüssige Bahn geriet (das entschuldigt nichts, erklärt aber doch allerhand). So hing in meinem Kinderzimmer ein Poster, das einen weißhaarig verstrubbelten Herrn mit Schnurrbart und klugen, lustigen Augen zeigte. Zu seinen Häupten prangte als Schmuck ein einziges englisches Wort: »Think!« Die Folgen ließen nicht lange auf sich warten. Schon bald erklärte ich dem Nachbarsjungen mit Hilfe von zwei Zuckerstücken die spezielle Relativitätstheorie. Wenn das eine Zuckerstück ein Eisenbahnwaggon ist … und das andere Zuckerstück ein Raumschiff, das sich mit Lichtgeschwindigkeit bewegt … und die beiden flitzen aneinander vorbei … dann bewegt sich das zweite Zuckerstückchen (vom Eisenbahnwaggon aus gesehen) doch nur mit Lichtgeschwindigkeit, also exakt 300 000 Kilometern pro Sekunde. Das kommt, weil Lichtgeschwindigkeit

eine Grenzgeschwindigkeit ist, verstehst du! In den Gesichts-
zügen des Nachbarsjungen zeichnete sich blankes Unver-
ständnis ab. Also erklärte ich es ihm noch einmal. Und dann
geduldig noch einmal. Und nach dem vierten Mal hatte ich
selbst die Sache halbwegs kapiert.

Süßes Gift träufelte in meine Seele. Mich überwältigte das
Gefühl, dass sich die Geheimnisse des Universums vor mir auf-
taten. Raum und Zeit waren nichts als Kulissen, ich aber hatte
die Rollen und Seile im Schnürboden gesehen: Energie ist eine
Erscheinungsform der Materie! Licht hat ein Gewicht! $E = mc^2$!
Dass der Nachbarsjunge sich rasch verabschiedete, dass er
fortan nie mehr zum Spielen kam, dämpfte meine Stimmung
kaum. Schließlich wusste ich (im Unterschied zu ihm): Der
Raum ist in der Nähe großer Massen stärker gekrümmt – und
die Zeit läuft schneller, sobald man seine Geschwindigkeit
steigert. Phantastisch! Meine Einsamkeit störte mich gar nicht.
Im Gegenteil, sie galt mir als Ausweis meiner intellektuellen
Noblesse. In den folgenden Wochen und Monaten mutierte
ich zum Brillenmonster: zu einem *nerd*, wie die Amerikaner
solche unangenehmen Menschen nennen. »Think!«, sagte Albert Einstein und blinzelte mir von dem Plakat in meinem
Kinderzimmer herunter zu.

Dieser Schaden hätte mit ein wenig Glück noch behoben
werden können. Leider muss aber gemeldet werden, dass
mich in der Pubertät der zweite Verführer am Ärmel zupfte;
noch immer staune ich, dass man ihn in unsere Nähe – und
uns dann mit ihm allein ließ. Wie so viele andere Angehörige
meiner Generation machte ich die Bekanntschaft dieses Ver-
führers in einem Klassenzimmer. Aus heiterem Himmel wurde uns die Photokopie eines Essays aus dem achtzehnten Jahrhundert in die Hand gedrückt, und wir unschuldigen Schüler

hatten keine andere Wahl, als zu lesen: »Sapere aude! Habe Mut, dich deines *eigenen* Verstandes zu bedienen!« So wurde die Jugend ausgerechnet in der Schule dazu angestiftet, sich auf die schwachen Kräfte ihres Geistes zu verlassen. Kein Mensch nahm uns an der Hand, um uns liebevoll mit einem Kanon anerkannter Meinungen vertraut zu machen. Ob unsere Lehrer wussten, was sie da taten?

Wahrscheinlich glaubten sie: Dieser Immanuel Kant ist Universitätsprofessor gewesen und außerdem schon lange tot. So jemand kann gar nicht gefährlich sein. (Schließlich war er im Lexikon als Mann mit Puderperücke und Zopf abgebildet.) Dass dieser deutsche Philosoph es empfindlich an Manieren fehlen ließ, entging ihnen. Er spottete. Er höhnte. Er duldete keine Ausreden. »Es ist so bequem, unmündig zu sein«, schrieb er. »Habe ich ein Buch, das für mich Verstand hat, einen Seelsorger, der für mich Gewissen hat, einen Arzt, der für mich die Diät beurteilt usw.: so brauche ich mich ja nicht selbst zu bemühen. Ich habe nicht nötig zu denken, wenn ich nur bezahlen kann; andere werden das verdrießliche Geschäft schon für mich übernehmen.« Immerhin wurde hier offen gesagt, dass Denken ein verdrießliches Geschäft ist (dazu gleich mehr). Allein Kant unterließ es, vor den Folgen zu warnen. Stattdessen legte er eine Lunte: »Aufklärung ist der Ausgang des Menschen aus seiner selbst verschuldeten Unmündigkeit.« Und er definierte: »Unmündigkeit ist das Unvermögen, sich seines Verstandes ohne Leitung eines anderen zu bedienen.«

Das waren keine Sätze; das waren Sprengsätze. Mit ihnen zerstörte der Philosoph ehrwürdige Gebäude, die Faulheit und Tradition errichtet hatten – Gebäude, die so prächtig waren wie Saddams Paläste und so nützlich wie die Pyramiden.

Und was trat an ihre Stelle? Eine Trümmerwüste. Eine Brachlandschaft. Erst in jüngster Vergangenheit ist es gelungen, Kants aufklärerisches Dynamit zu entschärfen, gerade noch zur rechten Zeit, bevor es weiteres Unheil anrichten konnte. Auf diese Weise wurde in den siebziger Jahren der Universitätsmarxismus etabliert. Von San Francisco bis Westberlin fanden sich Studenten in kargen Seminarräumen zusammen, warfen einander Zitate an den Kopf, sprengten Vorlesungen und gründeten winzige politische Parteien, aus denen sie sich später gegenseitig ausschließen konnten. Hätten die Studenten Herrn Kants Aufforderung zum Selberdenken beherzigt, wäre dieses lustige Spiel niemals möglich gewesen. Und dann hätten sie heute nichts, was sie ihren Enkeln erzählen könnten. Auch die achtziger Jahre erwiesen sich als sehr unterhaltsam. Auf den Universitätscampi des Westens wurde das nächste ideologische Bauwerk errichtet – der Postmodernismus. Dieses Mal kam es darauf an, Stellen aus den Schriften von Foucault, Deleuze, Derrida und Guattari zu memorieren. Ein einziges »Sapere aude!«, an der richtigen Stelle platziert, hätte genügt, um das Ganze in die Luft fliegen zu lassen. Generationen von Akademikern wären ohne Lohn und Brot geblieben. Es ist nicht auszudenken.

Um Kants Aufklärungsdynamit zu entschärfen, brauchte es geschultes Personal: akademische Bombenexperten, Leute mit Professoren- und Doktorentiteln. Uns Jugendliche aber überließ man ohne Schutz, ohne ideologisches Rüstzeug den Einflüsterungen des Philosophen. Es war pädagogisch verantwortungslos. Ich las: »Faulheit und Feigheit sind die Ursachen, warum ein so großer Teil der Menschen, nachdem die Natur sie längst von fremder Leitung frei gesprochen, dennoch gerne zeitlebens unmündig bleiben; und warum es anderen so leicht wird, sich zu deren Vormündern aufzuwerfen.« Jetzt blühte die vergiftete Saat auf, die im Kinderzimmer gesät worden war. Mit Einstein – dem wirren Alten auf dem Plakat – war das Denken einfach nur vergnüglich gewesen; mit Kant schmeckte es nun auch noch heroisch. Und die ganze Zeit über warnte mich niemand vor den Nachteilen der Intelligenz. Dabei liegen sie auf der Hand.

Robben und Rodin

Wer je in einem Zoo das Robbengehege besichtigt hat, der weiß, warum diese Geschöpfe so schön sind: Robben strahlen pure Daseinsfreude aus. Die eine schiebt sich mit ihren Vorderflossen über trockenes Land und wirkt dabei noch nicht einmal ungeschickt. Die andere schießt wie ein schwarzer Pfeil durch das grünlich schimmernde Bassin. Dort hinten hat eine Robbe ein Spiel erfunden: Sie drückt aus ihrer Schnauze eine Wasserfontäne nach oben und lässt das Nass beim Herunterplatschen in sich hineinregnen – stundenlang. Keine Frage, Robben sind glückliche Tiere. Das kommt, weil sie nie auch nur eine Sekunde lang nachdenken; dafür haben sie einfach zu wenig Grips.

Vergleichen Sie damit ein bekanntes Werk der Kulturgeschichte! August Rodins Skulptur »Der Denker« zeigt einen Hünen, der den Kopf auf seinen Arm stützt. Schwer, zergrübelt, hingegossen – mit einem Wort: unglücklich – sitzt der Bronzemann da. Er ist der Metall gewordene Krampf. Nichts Leichtes, Graziles, Spielerisches eignet ihm; anders als die Robben wirkt er sogar dann plump, wenn er sich in seinem eigenen Element befindet. Zudem suggeriert seine Pose einen gewissen körperlichen Vorgang. W. H. Auden dichtete: »Rodin was no fool/When he cast his Thinker,/Cogitating deeply,/Crouched in the position/Of a man at stool.« In klare deutsche Prosa übersetzt: Rodin war kein Narr, als er seinen »Denker« – tief grübelnd – in der verkrümmten Haltung eines Mannes formte, der gerade zu Stuhl geht.

Es kommt eben immer darauf an, was hinten herauskommt. Und beim Denken kann hinten gar nichts Gutes herauskommen.

Der dreifache Fluch

Im Grunde weiß jeder Mensch, was die Nachteile des Denkens sind. Zumindest ahnt er es. Doch bisher hat noch kein Ratgeber gewagt, diese Nachteile aufzählend beim Namen zu nennen. Zu Ihrem Nutzen, liebe Leserin, geneigter Leser, soll auf diesen Seiten erstmals das Tabu gebrochen werden. Mögen die Intellektuellenverbände zetern; mögen die Bibliotheken mit Boykott drohen und Vertreter der Großindustrie Kampagnen gegen mich finanzieren – ich werde mir den Mund nicht verbieten lassen. Wichtig ist nur, dass Sie mich in meinem Kampf unterstützen!

Es gibt drei Gründe, warum Intelligenz sich für den, der mit ihr geschlagen ist, als Fluch erweist. Hier sind sie:

1. Durch Denken verbaut man sich Karrierechancen. Das gilt vor allem für die Politik. Der chinesische Dichter Su Tung-p'o (1036–1101) schrieb anlässlich der Geburt seines Sohnes unsterbliche Verse, die sein Kollege Bertolt Brecht ins Deutsche gebracht hat:

Familien, wenn ihnen ein Kind geboren ist
Wünschen es sich intelligent.
Ich, der ich durch Intelligenz
Mein ganzes Leben ruiniert habe
Kann nur hoffen, mein Sohn
Möge sich erweisen als
Unwissend und denkfaul.
Dann wird er ein ruhiges Leben haben
Als Minister im Kabinett.

Aus diesen Versen mag man Ironie, sogar eine hinterhältige Kritik herauslesen. Tatsache ist aber, dass allzu vergrübelte Chefs keine guten Chefs sind. Und das gilt nicht nur für die Politik, sondern auch für die weiten Felder der Wirtschaft und Kultur (und es ist in allen Ländern und zu allen Zeiten wahr gewesen). In Führungspositionen kommt es darauf an, Entscheidungen zu fällen – manchmal in Windeseile. Wer dabei nachdenkt, hat in diesem Job nichts verloren.

Eine jüdische Anekdote macht deutlich, wie es auf gar keinen Fall zugehen darf. Zu einem weisen Rabbiner kam einst ein Mann, der einen Rechtsstreit mit seinem Nachbarn hatte; er schilderte lang und ausführlich, wie es zu dem Streit kam. Der Rabbi schlug im Talmud nach, studierte die Kommentare und beschied dem Mann schließlich: »Hast Recht.« Tags darauf kam der besagte Nachbar vorbei. Weitschweifig trug er seine Sicht der Dinge vor – wieder steckte der Rabbi seine Nase in den Talmud – und am Ende beschied er auch dem Nachbarn: »Hast Recht.« Entsetzt wandte darauf die Rebbetsin (die Frau des Rabbiners) ein: »Aber du kannst doch nicht erst diesem sagen ›Hast Recht‹ und jetzt auch noch zu jenem sagen ›Hast Recht‹!« Der Rabbi suchte ohne zu zögern nach der passenden Stelle im heiligen Buch. Dann schaute er sein Weib über den Rand seiner Brille an und meinte: »Hast Recht.« So dialektisch wie in diesem Witz verhält sich keine Führungskraft. Sie darf nicht differenzieren, den Kopf hin und her wiegen, immer alle drei Seiten jeder Sache sehen.

Das ist natürlich allgemein bekannt. Deswegen werden bedächtige Den-Kopf-hin-und-her-Wieger nicht befördert. Nur einfältige Menschen schaffen es bis zum Gipfel, wo der Chefsessel steht. Denker haben keine Chance, auf der Pyramide der Macht nach oben zu klimmen; es sei denn, es gelänge ihnen, beharrlich und erfolgreich Nichtdenken vorzuschützen. Warum sich aber diese Mühen machen, wenn es doch so viel einfacher ist, wirklich nicht zu denken?

2. Denken macht einsam. Wer grübelt wie Rodins Bronzemann, schließt sich von der Mehrheit aus; er wird bald feststellen, dass er mit vielen Leuten kein Gesprächsthema mehr findet. Kneipenbesuche geraten zur Tortur – man stellt fest, dass man mit all diesen Leuten, die da unbeschwert trinken und grölen, nichts mehr gemein hat (nicht einmal dann, wenn sie einst die besten Freunde waren). Dies aber kann der Mitwelt auf Dauer nicht verborgen bleiben. Sie schaut den Denker mit scheelen Augen an. Fortan gilt er als Spielverderber, der mit seinen intellektuellen Sprüchen jede Party kaputtmacht. Vor allem gilt er als elitär, und das völlig zu Recht; denn ein Denker ist ein Cowboy, der das hohe Ross immer in seiner Nähe festgebunden hat. Er zitiert aus Büchern, die außer ihm kein Mensch kennt; er brütet merkwürdige Ansichten aus, die er in unpassenden Momenten äußert; er ist taub für den letzten Schrei, mit dem der Zeitgeist ihn zur Ordnung ruft. Muss er sich da wundern, dass die anderen ihn schneiden?

Wer denkt, verurteilt sich damit selbst zur schlimmsten Form der Einsamkeit: »Denn eine Menschenmenge ist keine Gesellschaft, und Gesichter sind nichts als eine Bildergalerie, und Gespräche sind nichts als eine tönende Zymbel, wo es die Liebe nicht gibt«, heißt es bei dem englischen Essayisten Francis Bacon. »Der Ausspruch des Pythagoras ist dunkel, aber wahr: *Cor ne edito* – Iss nicht dein Herz. Ganz gewiss sind jene, die keine Freunde haben, denen sie sich öffnen können – wenn man es hart ausdrücken will –, Kannibalen ihrer eigenen Herzen.« Mitten in der Menge bleibt der Denker ein intellektueller Einzeller, eine Monade. Es gibt für ihn nur eine Möglichkeit, wie er wieder am gesellschaftlichen Leben teilnehmen kann: Er muss mit seiner unsozialen Gewohnheit brechen.

3. Denken führt zur Langeweile. Denn denken heißt durchschauen; und wer die Dinge durchschaut, der raubt ihnen ihr Mysterium, ihr Flair, ihren metaphysischen Reiz. Nirgendwo wird dies deutlicher ausgesprochen als in Frank L. Baums Geschichte von der mutigen Dorothy, die mit ihren Freunden aufbricht, weil sie in einem Land am anderen Ende des Regenbogens den großen, den schrecklichen Zauberer von Oz suchen will. Als sie ihn – nach allerhand mühseligen Verwicklungen – endlich gefunden hat, erweist er sich als glatzköpfiges Männchen ohne magische Kräfte. Der Zauberer von Oz ist ein banaler Betrüger. Wäre es nicht besser gewesen, ihm sein Geheimnis zu lassen? Was ist mit seiner Entlarvung eigentlich gewonnen?

Man kann dies auch den Prediger-Salomo-Effekt nennen – nach jenem Buch der Bibel, das uns lehrt, dass alles eitel ist. Es gibt nichts Neues unter der Sonne, sagt der Prediger Salomo; es gibt gute Menschen und schlechte Menschen, Unterdrücker und Unterdrückte, und am Ende müssen beide unter die Erde und werden vergessen. »Ich wandte mich und sah, wie es unter der Sonne zugeht, dass zum Laufen nicht hilft schnell sein, und zur Nahrung hilft nicht geschickt sein, und zum Reichtum hilft nicht klug sein …« So war es, so ist es, so wird es sein.

Darum hält die Welt für den, der sich dem Denken verschrieben hat, kaum noch Überraschungen bereit. Er sieht die Mächtigen aufsteigen und wieder fallen; er sieht die Moden kommen und wieder gehen; er sagt mit matter Stimme: »Das kenne ich schon«, hält höflich die Hand vor den Mund und gähnt. Wer aber aufhört zu denken, der sieht mit staunenden Augen in die Weiten des Kosmos und wundert sich.

Weitere Flüche

Weitere Nachteile, die sich aus dem Denken ergeben, seien hier nur am Rande gestreift: *Die Chancen, ins Fernsehen zu kommen, sinken rapide.* Hier ist jeder Kommentar überflüssig. Schließlich wird in diesem Medium ein Dauerkarneval des Nichtdenkens zelebriert. Wer sich in diesem bunten Treiben seiner Neuronen bedienen wollte, würde eine komische oder genauer: eine traurige Figur machen – er wäre ein schwarz gekleideter Puritaner auf einer Faschingsfeier. Gewiss, man kann just dieses Kostüm zu einer originellen Verkleidung erklären. Man kann im Karneval den Puritaner spielen; aber das geht nur einmal. *Es wird schwieriger, Sexualpartner zu finden.* Das gilt vor allem für den weiblichen Teil der Bevölkerung, denn Männer haben begründete Angst vor Frauen, die ihnen überlegen sein könnten. Besonders schwer haben es schöne Frauen; sie sind von der eisernen Aura der Unerreichbarkeit umschlossen wie von einem Keuschheitsgürtel. Schöne, kluge Frauen haben somit die besten Chancen, als verbitterte Jungfern zu enden. Aber auch denkende Männer leiden unter einem sexuellen Handicap. Sie stellen sich schrecklich stoffelig an, träumen davon, ihre Angebetete ins Bett zu *reden*, und wenn sie endlich handgreiflich werden, dann im falschen Moment. Ihnen fehlt das Spielerische, Gewissenlose, Südländische. Wer könnte sich Rodins grübelnden Bronzeklotz beim Flirten vorstellen? *Denken macht hässlich.* Wer ständig seine Stirn in Falten legt, sieht ziemlich bald alt aus. Betrachten Sie einmal die Porträts berühmter Philosophen von der Antike bis heute! Der Verzicht auf intellektuelle Tätigkeit dagegen gräbt keine Spuren ins Gesicht. Er hält die Züge jugendlich frisch. – Dass Denken zu Haarausfall (Männer) beziehungsweise Übergewicht (Frauen) führt, konnte bisher indes nicht wissenschaftlich nachgewiesen werden.

Wie ich mir das Denken abgewöhnte

Oben habe ich angedeutet, dass ich die Hälfte meiner Lebenszeit ans Denken verschwendete. Wie gelang es mir nun, damit aufzuhören? Trat ein Guru in mein Leben, fand ich Erleuchtung in einem klugen Buch, kurierte mich ein Hypnotiseur von diesem Laster? Keineswegs. Die Wende brachte ein gewöhnlicher grippaler Infekt. Eine Woche lang lag ich in meinem Bett, trank Hühnersuppe und inhalierte Kamillentee; meine Gattin brachte mir Wärmflaschen; und mein Gehirn fühlte sich an, als habe es sich in einen Schleimklumpen verwandelt. Das Fieberthermometer zeigte 38,2 Grad Celsius.

Das Wichtigste aber war: Mir ging es rundherum gut. Ich fühlte mich geborgen wie im Mutterleib. Alle Sorgen fielen von mir ab, weder Vergangenheit noch Zukunft kümmerten mich, ich schwamm in der Zeit wie in einer trägen, warmen Soße. *Ich dachte nichts.*

In diesen Tagen besuchte mich ein Freund am Krankenbett und sagte den Satz, der mein Leben verändern sollte. Er sah mich mitleidig an und meinte: »Jetzt hast du schon mal mit dem Denken aufgehört. Sei gescheit und fang nicht wieder damit an!« Es war der beste Ratschlag, den ich je empfangen hatte, und ich beherzigte ihn auf der Stelle. Ich bin meinem Freund bis heute dankbar.

Nun ist es an mir, diesen Ratschlag an Sie weiterzugeben – an alle, die dieses Buch in Händen halten: Lassen Sie es sein! Hören Sie endlich auf damit. Dabei kommt es wirklich nicht darauf an, ob das Ei aus der Henne geschlüpft ist oder das Ei die Henne gelegt hat; ob also a) das Unglück vom Denken kommt oder b) das Denken vom Unglück. Im Fall a) wäre das Denken so etwas wie die Erbsünde, der fatale Biss in den Apfel, über den sich nur die teuflische Schlange freuen kann. Im Fall b) aber wäre all der Grips verschwendet gewesen. Unsere haarigen Vorfahren begannen, nachdem sie von den Bäumen des Paradieses vertrieben worden waren, sich ihre Affenschädel zu zermartern; und wozu hat die ganze Mühe in zehntausend Jahren Menschheitsgeschichte geführt? Zu Genozid, Tütensuppen und endlosem Händiegebimmel.

So oder so – Unglück und Denken sind in jedem Fall untrennbar miteinander verbunden. You can't have one without the other. Wer sich mit diesem einlässt, bekommt automatisch auch seine Portion von jenem. Das Nichtdenken jedoch gehört seiner Natur nach der Sphäre des Glücks an. Darum muss, wer das Grübeln aufgibt, auf gar nichts verzichten. Im Gegenteil, er gewinnt etwas – nämlich:

Kraft
Reichtum
Innere Ruhe
Selbstvertrauen
Mut
Selbstachtung
Gesundheit
Sex

Erfreulicherweise zeigt meine eigene Erfahrung: Denken ist eine Angewohnheit, die abgelegt werden kann. Sie ist ebenso wenig angeboren wie jedes andere Laster. Auch wer von der Natur mit den größten Geistesgaben ausgestattet wurde, kann diese mit der Zeit langsam abbauen. Das ist keine Frage der Biologie; es ist nur eine Frage des Willens. Dank meiner Trainingsmethode müssen Sie dabei nicht einmal auf den nächsten Schnupfen warten! Schlagen Sie nicht in den Gelben Seiten des Telefonbuches nach, wo sich in Ihrer Heimatstadt die »Anonymen Denker« (AD) versammeln. Auch der Beitritt bei den »Think Watchers« ist vollkommen überflüssig. Ich garantiere Ihnen: Sobald Sie dieses Buch zu Ende gelesen haben, werden Sie aufgehört haben zu denken.

Freilich gibt es dafür eine Voraussetzung. Sie müssen sich unbedingt ganz buchstäblich und penibel an meine Anweisungen halten. Wichtig ist auch, dass Sie die Übungen praktizieren, die als Coda jedes Kapitels aufgeführt sind. Solange Sie meinen Anordnungen folgen, kann im Grunde nichts schief gehen.

Der achtfache Pfad

Frühe Leser meines Manuskripts kritisieren, dass mein Buch in sich widersprüchlich sei. Auf den folgenden Seiten zeige ich Ihnen einen achtfachen Pfad, um mit dem Denken aufzuhören; doch wer diese acht Pfade gleichzeitig gehen wollte, müsste verzweifeln. Auf der einen Seite weise ich Sie an, stets in Harmonie mit Ihrer Umwelt zu leben – auf der anderen Seite schreibe ich, dass Sie sich für den Größten halten sollen. Wie gehen diese beiden Dinge zusammen? Ferner möchte ich von Ihnen, dass Sie sich absolut mit Ihrer ethnischen Gruppe identifizieren; doch dann meine ich, es wäre vielleicht eine gute Idee, wenn Sie zum Islam konvertieren. Wie soll das gleichzeitig funktionieren? Außerdem rate ich in einem Zusatzkapitel, Sie sollten Mut beweisen und drogenabhängig werden. Auch das passt schlecht zur Religion Mohammeds, die ja wenigstens den Genuss von Alkohol strikt verbietet.

Was hat es nun also mit meinem achtfachen Pfad auf sich?

Die Antwort ist: Meine acht Pfade führen nicht alle in dieselbe Richtung wie die acht Spuren einer Autobahn. Stellen Sie sich eher ein finsteres Wäldchen vor, in das von verschiedenen Seiten schmale Wege hineinführen. Das Unterholz, die alten bemoosten Bäume, der schaurige Ruf des Käuzchens – das alles sind Metaphern für das Denken. In der Mitte des verwunschenen Waldes aber ist eine Lichtung. Sie ist das gemeinsame Ziel, zu dem die acht verschiedenen Pfade hinführen. Wichtig ist nur eines: nicht vom Weg abzukommen.

Man kann dasselbe auch – in Abwandlung eines Verses von Laotse – mit einem anderen Bild sagen: »Acht Speichen treffen sich in einer Nabe; / Auf dem Nichts darin (dem leeren Raum) beruht des Wagens Brauchbarkeit.« Dieses Nichts, diesen leeren Raum, diese Lichtung im Zentrum erreicht nur, wer sich sukzessive von Gedanken befreit.

Der erste Pfad:
Es lebe die Harmonie!

MEIDEN SIE STREIT. UNTER ALLEN UMSTÄNDEN

Fangen wir mit etwas Einfachem an, mit den Abenteuern des gallischen Comic-Helden Asterix. Es ist leicht zu sehen, dass die »Asterix«-Bildergeschichten eine konservative Struktur haben. Am Anfang steht die Harmonie des kleinen, uns wohlbekannten Dorfes im römisch besetzten Gallien 50 vor Christus. (Und dass Verleihnix Prügel bezieht, weil er faule Fische verkauft, und der Dorfbarde Troubadix rituell verdroschen und anschließend geknebelt wird, nimmt dieser Harmonie nichts; im Gegenteil, es prägt ihr den Stempel der Glaubwürdigkeit auf.) Doch dann bricht irgendeine ernsthafte Störung in die Idylle ein. Die Abenteuer im Rest des Heftes ergeben sich daraus, dass die Störung von dem knollennasigen Helden und seinem dicken Freund Obelix beseitigt wird (meist ist dies mit einer Reise in ferne Länder verbunden). Am Schluss hat Asterix die Römer Mores gelehrt, der Frieden ist wiederhergestellt, und die Dorfgemeinschaft feiert unter freiem Himmel ein Wildschweingelage. Es ist im Kern immer dieselbe Geschichte: Harmonie – Störung – Aufhebung der Störung – Harmonie.

In einem bemerkenswerten »Asterix«-Abenteuer wird die Krise durch einen römischen Agenten ausgelöst, ein kleinwüchsiges, unrasiertes Individuum namens Tullius Destructivus. Jener Destructivus verfügt über eine seltsame Begabung: Er hat die Fähigkeit, die Menschen in seiner Umgebung gegeneinander aufzubringen. Dabei muss er gar nichts Besonderes tun oder sagen. Oft genügt es, dass er mit verschränkten Armen daneben steht – schon färben sich die Sprechblasen um ihn herum grün, Neid und Missgunst blühen auf, Freunde werfen einander tödliche Beleidigungen an den Kopf. Destructivus wird vom großen Caesar persönlich mit einer Vase in das gallische Dorf geschickt, die er Asterix verehren soll. Der Gemeinschaft droht eine schwere Prüfung, denn diesmal greift der Feind nicht plump von außen an. Er will die Harmonie raffiniert von innen heraus zerstören. Die gallischen Krieger sollen sich so schlimm miteinander verkrachen, dass sie in alle Winde zerstreut werden – zum Nutzen des römischen Imperiums.

Das Interessante für unser Thema aber ist, dass hier zum ersten Mal Gedanken entstehen.

Was ist Denken?

An dieser Stelle müssen wir nun leider gleich grundsätzlich werden und fragen: Was ist eigentlich Denken? Die Antwort: Denken ist ein ständiges leises Selbstgespräch – kein Monolog, wie ihn der Protagonist des »Ulysses« von James Joyce führt, sondern ein innerer Dialog. Es ist, als würde ein Tullius Destructivus mit verschränkten Armen die Seele in Aufruhr stürzen, und schon fangen die Neuronen wild an zu rasen: Hin und her, Einerseits-Andererseits, Zwar und Aber.

Dieser innere Streit drängt nach draußen ans Licht der Öffentlichkeit. Er will sich in Gesprächen, Debatten, Diskussionen verwirklichen; er will die rauchige Luft von Kaffeehäusern atmen und trübe Seminarräume unsicher machen. Der Wissenschaftsphilosoph Karl Popper glaubte, dass just auf diese Weise der Fortschritt in der Erkenntnis geschieht. Er räumte rabiat mit der Vorstellung auf, dass Naturwissenschaften sich der so genannten induktiven Methode befleißigen – dass sie also erst einmal beobachten und nachher aus den Beobachtungen säuberlich weltumspannende Theorien konstruieren. Falsch! Jede Beobachtung ist immer schon von Theorien gelenkt, verfälscht, angeleitet. Das sei aber, so Popper, nicht weiter schlimm. Es komme nämlich auf etwas ganz anderes an: Die verschiedenen Theorien müssen in einen fairen Wettkampf miteinander treten. Die verschiedenen Versuche der Welterklärung treten miteinander in den Ring, und jene Theorie, die sich eine blutige Nase holt, hat verloren.

Eine Theorie holt sich dann eine blutige Nase, wenn sie Voraussagen macht, die nicht eintreffen. Ungefähr alle hundert Jahre erfolgt ein technischer K. o.; dann bricht ein Welterklärungsmodell zusammen, spuckt Blut und wird von Männern in weißen Kitteln an den Füßen aus dem Ring gezogen. Je kräftiger eine Theorie ist, desto mehr Kriterien kann sie angeben, unter denen sie widerlegt würde; es gibt sozusagen Fliegen-, Mittel- und Schwergewichtstheorien. Disqualifiziert wird, wer keine derartigen Kriterien angeben kann. Je besser eine Theorie ist, desto länger bleibt sie im Ring. Manche halten nun schon eine ganze Weile durch (die Relativitätstheorie), von anderen kennen wir kaum mehr den Namen (die Phlogistontheorie). Und der Gong, der das Ende des Kampfes anzeigt? Es gibt ihn nicht. Die Wahrheit ist für Popper lediglich eine »regulative Idee«, wie Kant gesagt hätte – ein Orientierungspunkt, aber nichts, das man mit menschlichen Mitteln erreichen könnte. Denn der edle Wettstreit hat kein Ziel. Man kann Theorien nie verifizieren (beweisen), sondern immer nur falsifizieren (widerlegen). In eine schlagende Formel gefasst: Wir irren uns empor. Möglich wird dies durch das freie Gespräch, dessen Prämisse ist, »dass du dich irren kannst, dass ich mich irren kann und dass wir gemeinsam vielleicht der Wahrheit näher kommen«.

Ironischerweise hat Karl Poppers Modell strukturelle Ähnlichkeit mit dem eines Philosophen, den er von Herzen verabscheute: mit dem System Hegels. Auch G. W. F. Hegel glaubte, dass sich das Denken in Gegensätzen und Irrtümern vollzieht und dass immer klügere Irrtümer einander auslöschen. Das Denken schreitet in Dreiecken fort: Eine These pflanzt sich auf, eine Gegenthese wischt sie vom Platz. Aber das führt nicht dazu, dass sie verschwindet; sie etabliert sich auf höherem Standpunkt neu – aus These und Antithese entsteht eine Synthese. Diese wird wiederum zu einer These, der eine Gegenthese erwächst; und so setzt sich der Prozess immer weiter nach oben fort. Wir irren uns empor. Die Vernunft sucht einen Gegenstand, der ihr angemessen ist; sie scheitert grandios an ihm; dadurch lernt sie und sucht sich einen neuen Gegenstand. Die »Realisierung des Begriffs«, schreibt Hegel, »kann deswegen als der Weg des Zweifels angesehen werden oder eigentlicher als der Weg der Verzweiflung; auf ihm geschieht nämlich nicht das, was unter Zweifeln verstanden zu werden pflegt, ein Rütteln an dieser oder jener vermeintlichen Wahrheit, auf welches ein gehöriges Wiederverschwinden des Zweifels und eine Rückkehr zu jener Wahrheit erfolgt, so dass am Ende die Sache genommen wird wie vorher.

Sondern er ist die bewusste Einsicht in die Unwahrheit des erscheinenden Wissens ...« Die Logik lacht, die Dialektik grinst. Und die Sprechblasen färben sich grün.

Bekämpfen Sie Ihren inneren Tullius Destructivus!

Wenn Sie mit jener Gewohnheit brechen wollen, die gemeinhin als Denken bekannt ist, müssen Sie Ihren inneren Dialog stoppen. Sie müssen Schluss machen mit dem ganzen Hin und Her, dem Einerseits-Andererseits, dem Zwar und Aber. Kurz gesagt, Sie müssen Ihren inneren Tullius Destructivus bekämpfen. Das ist einfacher, als es klingen mag. Sie müssen dazu weder meditieren noch Moorbäder nehmen oder sich einem Exorzismus unterziehen (obwohl Sie all das natürlich tun dürfen, wenn es Ihnen Spaß macht). Sie müssen nur einen Spruch der antiken Stoiker beherzigen. Diese Virtuosen des Gleichmuts rieten, der Mensch möge sich nicht in der Nähe von Verhältnissen ansiedeln, über die er keine Macht hat. Angewandt auf unsere Situation heißt das: Gehen Sie Streitereien aus dem Weg! Meiden Sie Diskussionen und Debatten! Suchen Sie stattdessen die Zusammenführung, die Einigkeit, den Konsens der Parteien – dann wird der Tullius Destructivus in Ihnen bald nicht mehr wagen, sein unrasiertes Haupt zu erheben. Am Ende wird er kläglich verkümmern und verhungern.

Diese Übung sollte Ihnen insofern leicht fallen, als Sie auf nichts Erstrebenswertes verzichten müssen. Denn Konflikte sind immer schmerzhaft: Sie müssen Ihre Position behaupten, mühsam Argumente zusammenklauben, und bisweilen laufen Sie sogar Gefahr, mit der Staatsmacht aneinander zu geraten.

Schlimmer ist indes das Risiko, dass Sie Freunde verlieren – oder Ihre Freundschaften zumindest schwer mit Streit belasten. Wenn Sie nämlich in der Diskussion eine andere Meinung ausbilden als Georg, Franz oder Susi, dann müssen Sie komplizierte Rituale entwickeln, die Ihnen gestatten, weiterhin mit Georg, Franz und Susi gesellschaftlichen Umgang zu haben. Sie müssen, wie es so schön heißt, Toleranz üben. Dieser Krampf bleibt Ihnen erspart, wenn Sie künftig den Weg des Friedens wandeln. Sie dürfen in Harmonie baden, sich wohlig dem Gefühl der Übereinstimmung hingeben und Ihre Hirnwindungen sanft ausglühen lassen. Und darauf kommt es schließlich an.

Beim Durchlesen des bisher Geschriebenen fällt mir auf, dass ich vielleicht einem Missverständnis die Bahn geebnet habe. Sie könnten nämlich annehmen, es gelte nur jene Art von Streit zu meiden, die zu etwas führt – zur Falsifikation einer wissenschaftlichen Theorie, zu einer Synthese im Hegelschen Sinne. So war es aber nicht gemeint. Um es offen zu sagen, der meiste Streit in der Welt »führt zu nichts«; wie Karl Popper beobachtete, gelingt es in einer Auseinandersetzung zwischen ebenbürtigen Kontrahenten dem einen nur selten, den anderen zu überzeugen. Doch auch fruchtloser Streit hat unerwünschte Wirkungen. Beim intellektuellen Klingenkreuzen wird man gezwungen, die eigene Haltung zu modifizieren – sei es, indem man dem Gegner Zugeständnisse macht, sei es, indem man sich ihm noch wütender entgegenstellt: Stahl prallt auf Stahl, die Funken stieben und Gedanken entstehen. Deswegen müssen Kontroversen vermieden werden. Immer. Unter allen Umständen. Ist das klar?

Lob der deutschen Friedensbewegung

Zum Glück haben die Deutschen aus ihrer Geschichte gelernt und nach zwei verlorenen Weltkriegen eine Bewegung gegründet, die nichts als rosige Harmonie anstrebt. Alles begann mit den Ostermärschen in den fünfziger Jahren des vorigen Jahrhunderts. Damals wurde eine Parole erfunden: »Der Atomtod bedroht uns alle!« Dieser Slogan war gleich in zweifacher Hinsicht genial. Zum einen reduzierte er sämtliche Übel der Welt auf ein einziges böses Prinzip: die Hiroschimabombe (und das zu einer Zeit, als der Archipel Gulag in der Sowjetunion gerade seine größte Ausdehnung erreicht hatte). Zum anderen erklärte er alle, die von der Atombombe bedroht wurden, zu Gleichen. Diskussionen erübrigten sich danach. Der Unterschied zwischen Freunden und Gegnern der Demokratie schmolz im Lichte der künftigen Apokalypse dahin: Es gab von nun an keine Parteien mehr, es gab nur noch Opfer eines potenziellen Weltenbrandes.

Ihren nächsten Sieg über das Denken feierte die westdeutsche Friedensbewegung in den achtziger Jahren. Damals stellte die Sowjetunion Mittelstreckenraketen mit atomaren Sprengköpfen auf, die Westeuropa direkt bedrohten; auf diese Weise wollte sie einen Keil zwischen die USA und ihre europäischen Verbündeten treiben. Die Amerikaner zogen mit Pershing-Raketen und nuklear bestückten Marschflugkörpern gleich. Die Älteren unter uns erinnern sich gewiss noch, wie die Friedensbewegung auf diese bedrohliche Lage reagierten: mit dem so genannten Minimalkonsens. Allein schon für diese Wortschöpfung hätten die deutschen Atompazifisten einen Preis verdient gehabt! Der »Minimalkonsens« bedeutete, dass die Mitglieder der Friedensbewegung ihre politischen

Differenzen vergessen und sich auf die Beseitigung der amerikanischen Waffen konzentrieren sollten. »Die Friedensbewegung ist aus einem einzigen Grund entstanden: dem Erschrecken über die Aufrüstungsvorhaben der USA«, schrieb einer ihrer wichtigsten Protagonisten. Alles andere galt als Kinkerlitzchen: der Rumtata-Militarismus in den Ländern des Ostblocks, der sowjetische Einmarsch in Afghanistan usw. Einigkeit! Eintracht! Eierkuchen! Leider störten zwielichtige Figuren diesen »Minimalkonsens« – eine Hand voll Schriftsteller aus der DDR. Einige von ihnen hatten im Gefängnis mit den Verhörmethoden des Ministeriums für Staatssicherheit enge Bekanntschaft geschlossen. Zu ihnen gehörte Jürgen Fuchs – er wurde aus dem westdeutschen Schriftstellerverband geekelt, dessen Vorsitzender ein Einflussagent der Stasi war. Zu ihnen gehörte aber auch Wolf Biermann, der 1981 bei einer großen Demonstration in Bonn von besonders pazifistischen Friedensfreunden beinahe Prügel bezogen hätte. So gelang es, für den Moment alles auszuschalten, was auch nur von ferne an einen Gedanken erinnerte.

Doch dann brach über Nacht die Sowjetunion zusammen – und die Friedensbewegung wäre beinahe mit in den Orkus der Geschichte gerissen worden. Einer glücklichen Fügung ist zu verdanken, dass sie 1991 von den Toten wieder auferstand, sich den Staub von der Latzhose klopfte und ihr altes Palästinensertuch umband. Folgendes war geschehen: Truppen des irakischen Diktators Saddam Hussein hatten das Nachbarland Kuwait überfallen und annektiert. Nun schickte sich eine internationale Streitmacht unter Führung der Amerikaner an, dem Aggressor seine Beute wieder abzujagen. Prompt wurden in Deutschland als Zeichen der geistigen Kapitulation weiße Bettlaken gehisst. Eine verdiente Feministin erklärte im

Fernsehen: »Der Einmarsch in Kuwait ist sicherlich problematisch, aber so ganz absurd nicht. Es gibt den Staat erst seit ungefähr dreißig Jahren, der war wirklich mal irakisch.« Ganze Schulklassen gingen zusammen mit ihren Lehrern demonstrieren. Und unter dem für jeden Erstklässler verständlichen Motto »Krieg ist schlimm« traf man sich später wieder – etwas weniger zahlreich beim Jugoslawienkrieg, umso zahlreicher dann beim Irakkrieg von 2003. Mittlerweile war das Ziel totaler Harmonie zum Anfassen nah. Ganz Deutschland bildete eine große Menschenkette gegen die Außenpolitik der USA. Leider muss jedoch gemeldet werden, dass ein paar Meckerheinis alles kaputtmachten. Indigniert stellte die Fachzeitschrift »Der Journalist« fest, dass die Medien des Axel-Springer-Verlags diesen Krieg guthießen. Die Zeitschrift schloss messerscharf, dies müsse ein fataler Irrtum sein – schließlich waren alle anderen Medien sowie deren Leser dagegen.

So nah war Deutschland dem Ideal des vollkommenen Streitvakuums noch nie. Alte Instinkte wurden wach: Blast zum Sturm auf diese Renegaten! Fackelt ihre Lieferwagen ab! Stürmt die Büros! Doch hier sollten Nichtdenker und alle, die es werden wollen, friedvoll innehalten. Die Harmonie muss uns, wie schon betont, über alles gehen. Jede Form von Streit ist zu vermeiden – sogar mit dem Springer-Verlag.

Das Paradies des Nichtdenkens

»Eine Landkarte verdient keinen zweiten Blick, wenn Utopia nicht auf ihr verzeichnet ist«, schrieb Oscar Wilde. Und so stellt sich die Frage, ob irgendein Land unter der Sonne die Harmonie zu seiner *raison d'etre* erklärt hat? Gewiss: Nichts ist vollkommen. Keiner Regierung wird es je gelingen, den Garten Eden neu erstehen zu lassen. Wenngleich es kühne Versuche in dieser Richtung gab, hat noch kein politisches Experiment vermocht, das Denken gänzlich abzuschaffen. Und doch! Es gibt jenes Utopia. Dass den meisten Leuten bei seiner Erwähnung nur Aquavit und Möbel zum Zusammenschrauben einfallen, ist eine historische Ungerechtigkeit. Die wesentliche Errungenschaft wird dabei nicht gewürdigt: In jenem Land ist überwunden, was das Leben in unseren unglücklicheren Gefilden prägt – es gibt dort weder gockelhafte Konkurrenzkämpfe noch Machtgier oder Parteienhader.

Bitte keine Missverständnisse. Mir ist schmerzlich bewusst, dass das schwedische »Volksheim« – wie es von seinen Erbauern genannt wurde – längst nicht mehr dieselbe Gemütlichkeit ausstrahlt wie früher. Auch dort ist das Realitätsprinzip eingebrochen und hat, ein kapitalistischer Elefant, viel rosenrotes Porzellan zerschlagen. Dennoch bleibt wahr, dass in Schweden alle Menschen in ihrem Seelengrunde Sozialdemokraten sind. Auch die Konservativen (vielleicht gerade sie) und sogar die Liberalen. Zwar gibt es formal ein Parlament, in dem eine Partei an der Macht ist und die andere die Opposition stellt. In der Praxis ist das jedoch zutiefst gleichgültig, da beide Parteien derselben Ideologie verpflichtet sind.

Dieser Ideologie zufolge müssen die Bürger vor den Schrecken der Eigenverantwortlichkeit bewahrt werden. Der Staat ist geradezu rührend um jeden Einzelnen besorgt, hätschelt ihn, päppelt ihn, zieht ihn ein bisschen an den Ohren, wenn er sich danebenbenimmt, füttert ihn mit süßem Wohlstandsbrei und nimmt sich dafür das Recht, einen Großteil seines Eigentums zu beschlagnahmen. Reichtum zu scheffeln oder diesen gar zu zeigen gilt als obszön. Jene *checks and balances*, auf die man in der angelsächsischen Welt schwört, sind verpönt. Viel zu unordentlich! Viel zu agonal! Stattdessen geht es darum, eine effiziente und gerechte Verwaltung der Gesellschaft zu garantieren. Es sieht so aus, bemerkte einst der Schwedenkenner Hans Magnus Enzensberger, als sei in jenem Utopia »ein Projekt gelungen, an dem schon ganz andere Regimes, von der Theokratie bis zum Bolschewismus, gescheitert waren: nämlich die Zähmung des Menschen«. Doch statt diesen Triumph gebührend zu feiern, äußerte der deutsche Schriftsteller Zweifel: »Ich fragte mich nach dem Preis dieses Friedens, nach den politischen Kosten dieser Umerziehung, ich fing an, überall das Verdrängte und seine Wiederkehr zu wittern, den modrigen Geruch einer allgegenwärtigen, sanften, unerbittlichen Pädagogik.«

Ist es ein Wunder, dass Enzensberger am schwedischen Modell herummäkelt? Der Mann ist ein ausgewiesener Intellektueller, verdient also mit Denken sein Geld. All jene aber, denen die Verbreitung des Nichtdenkens am Herzen liegt, können die schwedische Harmonie gar nicht genug loben. Hier wurde die Utopie der Marxisten, die einst das »Absterben des Staates« verhieß – nein, nicht etwa verwirklicht, sondern vom Kopf auf die Hinterbeine gestellt. Statt abzusterben, hat sich der Staat in ein Kuscheltier mit Knopfaugen verwandelt. Er ist kein Leviathan mehr, kein Ungetüm, sondern – sozusagen – ein Getüm; kein Ungeheuer, sondern ein Geheuer. In anderen, weniger kultivierten Gegenden mögen barbarische Eigenschaften wie Kreativität, Improvisationstalent und spontane Entschlüsse gefragt sein. In Schweden überlässt man Probleme beruhigt den hierfür zuständigen Institutionen. Schließlich ist man nicht im Wilden Westen.

Das schwedische »Volksheim« wurde mehr oder weniger auf dem Fundament der Freiwilligkeit errichtet. Keine Geheimpolizei, keine Zensurbehörde herrscht über diese butterweiche Tyrannei des Gemeinsinns. Nein, Schweden ist nicht Nordkorea. Es gibt weder Konzentrationslager noch staatlich gelenkte Hungersnöte, keine öffentlichen Hinrichtungen oder Statuen von Diktatorengöttern an den Straßenecken – und nichts deutet darauf hin, dass skrupellose Wissenschaftler mit Namen wie Svensson oder Lindgren ihre Ikea-Haken insgeheim dazu verwenden könnten, auf den Schäreninseln Atomsprengköpfe zusammenzuschrauben. Im Gegenteil! Nuklearwaffen sind in Schweden so verpönt wie nirgends sonst auf der Welt. Kein anderes Land muss sich von dem Begriff »Schurkenstaat« weniger gemeint fühlen … oder?

Just in diesem Augenblick flattert mir ein Zeitungsbericht ins Haus: Eine schwedische Firma, lese ich ungläubig, hat Syrien geholfen, im Verborgenen atomar aufzurüsten. Dem syrischen Diktator Baschar el-Assad wurde angeblich eine illegale Reinigungsanlage für Phosphorsäure geliefert. Syrische Techniker ließen sich im schwedischen Gövde den Umgang mit strahlendem Material beibringen. Also doch! Das Geheuer hat rot funkelnde Augen! Schweden ist Teil der Achse des Bösen!

Gleichwohl kann sich das Resultat der sanften Pädagogik sehen lassen: Wer den schwedischen Konsens im Grundsätzlichen infrage stellt, muss offenkundig irre sein. Er ist nicht so sehr ein Casus für den Staatsanwalt als für die Psychiatrie. *Extra ecclesiam nulla salus*, außerhalb der Harmonie ist nichts. Darum könnten nur unerschrockene Reaktionäre auf die Idee verfallen, den vakanten Posten der Opposition zu besetzen.

Nieder mit den Stechmücken!

Jenseits von Schweden ist die westliche Zivilisation von des Gedankens Blässe angekränkelt. Streitigkeiten, Hader und Zwist zerreißen sie von innen heraus. Das ist die Strafe dafür, dass sie den Dissidenten zu ihrem Heros erkoren hat, den exzentrischen Außenseiter. Er hat das Bibelwort »Du sollst der Menge nicht zum Bösen folgen« zu seinem Mantra erkoren, will also zu den unpassendsten Gelegenheiten seinen Dickkopf durchsetzen und beruft sich zu diesem Behufe auf sein »Gewissen«. Die Amerikaner wissen die passende Bezeichnung für diesen lästigen Typus. Sie nennen ihn *gadfly* – zu deutsch: Viehbremse. Wer mit dem Denken aufhören will, tut gut daran, den *gadfly* seines Nimbus zu entkleiden.

Warum dabei nicht mit jenem Mann beginnen, auf den diese Bezeichnung zurückzuführen ist? Folgen Sie mir also auf einen Marktplatz im Athen des fünften vorchristlichen Jahrhunderts. Sie sehen einen kleinen Menschenauflauf und in seiner Mitte einen knollennasigen, bärtigen Mann. Die Ähnlichkeit mit dem Comic-Schurken Tullius Destructivus ist unverkennbar! Knollennase hat einen Würdenträger der Stadt in ein Gespräch verwickelt. Offenbar geht es dabei um Philosophie. »Das also nennst du Weisheit, mein Freund?«, ruft der Herausforderer frech. »Beim Zeus – lieber möchte ich dumm sein als auf deine Art weise!« Er hat jetzt die Lacher auf seiner Seite. »Ich weiß immerhin, dass ich nichts weiß.« Der Würdenträger schweigt verdattert und schwingt hoheitsvoll die Toga um seine Schulter. Wir aber erinnern uns schnell an die Wahrheitssuche als endlose Kette von Irrtümern; an Hegels argen Weg der Erkenntnis, der eigentlich »als der Weg der Verzweiflung« angesehen werden muss.

Von den Umstehenden könnten wir erfahren, dass der knollennasige Mann Sokrates heißt und Schuster von Beruf ist. Sein Vater war Bildhauer, seine Mutter Hebamme. Manchmal sagte er, die Kunst seines Vaters übe er aus, indem er den Menschen Form zu geben versuche, und den Beruf seiner Mutter, indem er sie Erkenntnisse gebären lasse. Jene, die Sokrates schon öfter zugehört haben, können berichten, dass er der Ansicht ist, man müsse, um weise zu sein, einen Begriff von der Weisheit haben. Es genüge also nicht, sich auf einem umgrenzten Gebiet gut auszukennen; man müsse über die Weisheit selbst etwas wissen. Außerdem vertritt er die unerträglich arrogante Ansicht, dass Tugend lehrbar sei. Und er glaubt allen Ernstes, Unrecht zu leiden sei besser als Unrecht zu tun! Sokrates sei ein notorischer Streithansel, sagt der Würdenträger von vorhin. Er verwickle seine Mitbürger in Streitgespräche, um ihnen mit Haarspaltereien zu beweisen, dass sie über die wichtigsten Dinge (Obacht!) noch nie richtig (hier kommt das Schreckenswort) *nachgedacht* hätten.

Kein Wunder, dass die Athener bald von diesem hässlichen Schuster genug hatten. Sie stellten ihn wegen Verführung der Jugend und Götterlästerung vor Gericht und zwangen ihn, Schierling zu trinken. Wenn man den einschlägigen Quellen trauen darf, hat er den Giftbecher lässig gekippt; das spricht für seinen persönlichen Mut. Aber vorher hielt der Philosoph vor Gericht ein Plädoyer. Und wie verteidigte dieser Sokrates sich? So: »Wenn ihr mich tötet, werdet ihr nicht leicht einen Zweiten finden, der, wenn es auch ein wenig scherzhaft klingt, der Stadt vom Gotte beigegeben ist wie einem großen und edlen Rosse, das wegen seiner Größe aber etwas träge ist und durch eine Bremse gereizt werden muss. Genau so, scheint mir, hat der Gott mich der Stadt beigegeben. Ich soll euch reizen und überreden und schimpfen – jeden einzeln – und nicht ablassen, euch den lieben langen Tag überall zu belästigen. Ein Zweiter solcher Art wird euch nicht leicht wieder erstehen! Wenn ihr auf mich hört, werdet ihr mich also schonen. Womöglich schlagt ihr aber wie die Schlaftrunkenen, wenn sie geweckt werden, verdrießlich nach mir und tötet mich – um hinterher euer Leben zu verschlafen, wenn euch der sorgende Gott nicht einen anderen schickt.«

Ist das nicht eine grandiose griechische Pilosophenchuzpe? Der *gadfly* empfindet sich selbst als Gottesgeschenk! Athen soll für die empfangenen Mückenstiche auch noch dankbar sein! Als ob Schlafmangel etwas Gutes wäre! Schierlingsbecher!

Sokrates war nicht der Einzige, auch in anderen Ländern und zu anderen Zeiten trieb der ewige Dissident sein Unwesen. Aus vielen Beispielen sei hier Jeremias herausgegriffen, der Sohn des Hiskias, der Mann aus Anathot. Jeremias litt nicht gerade an übertriebener Bescheidenheit. Er erzählte, er sei vom Schöpfer des Himmels und der Erde berufen worden, als er noch im Leib seiner Mutter schlief. Später zog er im Land Israel umher und prophezeite Unheil, da seine Landsleute sich nicht an Gottes Gesetz halten würden: Sie sollten die Witwen und Waisen schützen, den gerechten Fremdling ehren, den Taglöhner rechtzeitig bezahlen und im Jubeljahr all ihre Sklaven freilassen. (Der letzte Punkt war besonders unrealistisch.) Zu seinem König sprach Jeremias so: »Darum wird man dereinst über dich nicht wehklagen, wie man wehklagt: ›Oh wehe, mein Bruder, weh, weh, meine Schwester!‹ Nicht wird man wehklagen über dich: ›Oh wehe, mein König, weh, weh Seine Herrlichkeit!‹ Sondern wie man einen toten Esel verscharrt, so wird man dich begraben. Geschleift und hingeworfen wirst du liegen vor den Toren der Stadt …« Wenn das nicht Majestätsbeleidigung ist, was dann?

Jeremias sah den Fall von Jerusalem voraus. Er riet, den babylonischen Truppen nicht zu widerstehen, nachdem sie das Heilige Land okkupiert hatten. Aber die Mächtigen hörten nicht auf ihn – in einem vorbildlichen Akt des Nichtdenkens schlossen sie einen Beistandspakt mit Ägypten, das mit Babylonien verfeindet war. Naturgemäß war Nebukadnezar, der babylonische Herrscher, zutiefst erzürnt. Ebenso naturgemäß rührten die Ägypter keinen Finger, als es ihren Verbündeten an den Kragen ging. Nebukadnezar ließ die Hauptstadt Israels niederbrennen und das einzige Haus verwüsten, in dem der Gott Israels unter den Menschen gewohnt hatte. Seine Soldaten raubten den Tempelschatz und führten die gesamte jüdische Elite in die Gefangenschaft. Zuvor aber geriet Jeremias ernsthaft in Bedrängnis. Mitten im belagerten Jerusalem, als sein Volk dringend Zuspruch benötigt hätte, richtete der Prophet Folgendes als Wort Gottes aus: »Wer in dieser Stadt wohnt, wird sterben durch Schwert, durch Hunger und durch Pest; wer aber hinausgeht zu den Chaldäern, wird leben bleiben, und es wird ihm seine Seele als Beute sein, dass er lebe.« Wenn das nicht Defätismus ist, was dann?

Als die Worte des Jeremias den Edlen Israels hintertragen wurden, waren sie nicht entzückt. Sie warfen Jeremias in eine Jauchegrube, und er stand im kalten Schlamm, bis der Negersklave Ebedmelech um sein Leben bettelte – ein Verschnittener, der noch nicht einmal richtig zum Gottesvolk gehörte. Ebedmelech erhielt die Erlaubnis des Königs; und so befestigte er Lumpen und Stofffetzen an Stricken und ließ sie in den stinkenden Pfuhl des Jeremias herunter. Der betagte Mann band sie unter seine Achseln und sein Retter zog ihn hinauf ans Licht.

Die Freiheit aber erhielt Jeremias von den Feinden seines Vaterlandes. Als er zusammen mit den Oberen Zehntausend Israels gebunden ins Exil nach Babylon geführt wurde, löste ihm ein Anführer der babylonischen Leibwächter unterwegs die Fesseln. Der Leibwächter hatte schon einmal etwas vom Gott der Juden gehört, also ließ er den Propheten lieber gehen. Und was tat der *gadfly*, der lästige Kerl namens Jeremias? Er ging schnurstracks nach Hause – und dort stellte er sich schon wieder der Mehrheit entgegen, statt Versöhnung und Harmonie zu predigen. (Immer dieses vertrackte Bibelwort: »Du sollst der Menge nicht zum Bösen folgen!«) Jeremias riet denen, die zwischen brennenden Dörfern und Leichenhaufen im Land Israel zurückgeblieben waren, sie sollten nicht ins reiche Ägypten auswandern. Stattdessen sollten sie Gott vertrauen und auf der verwüsteten Heimaterde ausharren. Nur ein versprengtes Häuflein hörte dem Mann aus Anathot überhaupt zu; hatte er nicht ständig Unglück gebracht?

Wären die Juden eine Nation von Nichtdenkern, würden sie diesen Vaterlandsverräter wohl totschweigen. Aber sie stellten ihn im Nachhinein auf einen Ehrensockel und nahmen seine gesammelten Prophezeiungen ungeniert in ihr heiliges Buch auf. Das sagt eigentlich alles über ihre Religion.

PRAKTISCHE ÜBUNGEN

**I. Pflichten Sie eine Woche lang ostentativ jedem bei,
der Ihren Weg kreuzt.** Sie werden erleben, dass Sie das see-
lisch ungeheuer entlastet. Außerdem gewinnen Sie auf diese
Art neue Freunde, die entzückt sein werden, dass Sie Ihr Gehirn praktisch nie benützen.

**II. Verschaffen Sie sich einen Überblick über die aktuel-
len Meinungsumfragen. Vertreten Sie in Diskussionen
stets die Meinung der Mehrheit.** Sie glauben gar nicht, wie
das Ihre Popularität steigern wird. In jeder Eckkneipe, und sei
sie noch so schäbig, können Sie sich in Übereinstimmung
suhlen – genießen Sie es.

III. Besorgen Sie sich ein Bild von Sokrates – so etwas ist
in jedem besseren Philosophielexikon zu finden – **und werfen
Sie mit Dartpfeilen darauf!** Diese einfache Konzentrations-
übung fokussiert Ihren Geist auf seine neue Aufgabe: die
Selbstabschaltung. Außerdem wird Ihnen das Ausschneiden
und Aufhängen des Bildes Freude bereiten. Und das Werfen
mit Dartpfeilen hält Sie körperlich fit.

Der zweite Pfad:
Die Kirche im Dorf lassen!

IDENTIFIZIEREN SIE SICH MIT IHRER
ETHNISCHEN GRUPPE. UND ZWAR VÖLLIG

Ich schreibe diese Zeilen in einem Tiroler Bauerndorf. Jeden Morgen erwache ich früh vom dunklen Klingeln der Kuhglocken; danach höre ich das Stottern der Traktoren, die zu den Äckern der Umgebung aufbrechen. Am Sonntag bringt die Ortskirche mit wuchtigem Bam und Bum die Luft zum Zittern. Das Bett in dem Pensionszimmer, das ich für mehrere Wochen angemietet habe, duftet frisch nach Lindenblüten. Die Wirtin im Dorfkrug ist blond, hat Holz vor der Hütten und heißt Susi. Die Winde wehen lau. Herrliche Wanderwege winden sich im Zickzack die Berge hoch. Abends trinkt man Enzianschnaps, schaut durch Butzenscheiben und isst Speckknödel. Die kehligen Laute der Einheimischen sorgen für Gemütlichkeit. Einmal sollen Fremde das hübsche verfallene Steinhaus am Ende der Hauptstraße gekauft haben – Franzosen, raunt man; gottlob sind sie bald wieder weggezogen. Friedlich ist hier jedes Detail, sogar noch die Misthaufen neben den Gehöften sind idyllisch; nichts stört die tiefe Seelenruhe dieser Landschaft. Und woran liegt das? Ganz einfach: Hier ist seit Menschengedenken kein Gedanke mehr gedacht worden.

Vergleichen Sie das mit dem ungesunden Leben in der Großstadt! Statt Kuhglocken hört man dort Autohupen, die Luft schmeckt nach Benzin, die Kellnerin in der Eckkneipe ist flachbrüstig und heißt nicht Susi, sondern Yvonne. Die Leute denken, denken, denken – pausenlos; man sieht es den Gesichtern in der U-Bahn an. Und woran liegt es, dass diese Unglücklichen nicht aufhören können? Wieder ist die Antwort einfach: Im Dorf bleiben die Leute unter sich, in der Stadt mischt sich alles durcheinander. »The city is the place where strangers meet«, schrieb der amerikanische Soziologe Richard Sennett. Die Stadt ist der Ort, wo Fremde einander begegnen: Wer je in New York war, wird diesen Befund umgehend bestätigen. Pflanzen Sie sich am Times Square an einer Hausecke auf, und *tout le monde* wird an Ihnen vorüberhasten; Kaffeebraune; Weiße; Bronzefarbene; Schokoladenbraune; Männer mit Turbanen; Frauen mit Schleiern; Frauen mit Händies; Männer mit Käppchen; zahnlose Bettler; Bankerinnen im Kostüm. Daneben werden auf dem Trottoir koschere Hot Dogs verkauft. Das, was anderswo noch ein utopischer Grenzbegriff ist: die Menschheit – hier wurde sie (zu unserem Schrecken müssen wir es eingestehen) längst Wirklichkeit. Fahren Sie mit einem der berühmten gelben Taxis am Central Park vorbei, am besten abends, wenn in den Wolkenkratzern links und rechts des grünen Eilands die Lichter angehen. Und nun sagen Sie selbst: Wie soll es in dieser funkelnden Umgebung gelingen, mit dem Denken aufzuhören? Vielleicht sollten Sie ein lauschigeres Plätzchen aufsuchen. Kehren Sie bei Katz' Deli in der West Houston Street ein, lassen Sie sich ein monströses Pastrami Sandwich mit Salzgurken auf den Teller häufen und schauen Sie sich um: Die meisten Leute, mit denen Sie die abgewetzten Stühle und Tische dieses Speisesaals teilen, müssten einander von Rechts wegen hassen. Der mexikanische Einwanderer hockt neben dem Gringo, der Ukrainer neben dem Polen, und die schwarze Dame dort drüben könnte dem weißen Südstaatensohn vis-à-vis mit spitzen Fingern einen Mazzekloß ins Auge werfen. Doch – wie seltsam – es passiert nichts. Kein allgemeines Gemetzel, nur allgemeines Gemampfe.

Offenbar haben diese Menschen ein Ritual entwickelt, um irgendwie miteinander auszukommen. Ich frage Sie: Kann das authentisch sein?

Zurück in den Herrgottswinkel

Nichts engt den geistigen Horizont so zuverlässig ein, wie wenn man sich in seinen Herrgottswinkel zurückzieht. Hierfür ist es hilfreich, wenn man keine Fremdsprachen gelernt hat. Sollte es für Sie selber schon zu spät sein, dann achten Sie wenigstens bei Ihren Kindern darauf, dass sie ihre Zeit nicht mit dem Pauken von Vokabeln und dem Auswendiglernen von sinnlosen grammatischen Regeln vergeuden. Es genügt vollauf, wenn man seine Muttersprache nicht beherrscht. Wozu soll man sich da noch mit welschen Dialekten herumplagen? Zeigen Sie Achtung für das Erbe Ihrer Vorväter. Und seien Sie um Gottes willen nicht neugierig auf das, was andere Stämme so treiben.

Freilich ist es in einer Welt, die täglich kleiner wird, nicht leicht, eine unverwechselbare ethnische Identität auszubilden. Vielleicht gehören ja auch Sie zu den Bindestrich-Existenzen, die unseren Planeten zunehmend unsicher machen – mag sein, Sie sind ein Judäo-Waliser, oder eine Deutsch-Türkin, oder ein Hispano-Armenier. Und sogar, wenn Sie sich für »ethnisch rein« halten, könnte Ihr Urgroßvater aus Cardiff-on-Sea stammen und ihre Großmutter Posnianski heißen. In diesem Fall hilft nur noch eins: Sie müssen sich eine ethnische Identität erfinden.

Es war einmal ein Staat, der in dieser Hinsicht Maßstäbe gesetzt hat – und wer über ein fühlendes Herz verfügt, wird nicht umhinkönnen, sich bei seiner Erwähnung zart die Augenwinkel zu tupfen. Ein gerührter Tusch für die DDR! Der »erste Arbeiter- und Bauernstaat auf deutschem Boden« (wie seine Freunde und Bewunderer ihn nannten) fiel nach dem Zweiten Weltkrieg in einem Stück vom Himmel. Er war nicht befleckt vom braunen Unrat. Raubkrieg? Völkermord? Man wusste sich von Anfang an auf der Seite der Sowjetunion, die Sowjetunion war der »Sieger der Geschichte«, und damit war das Problem gelöst. Einen jüdischen Spötter verführte dies zu dem Bonmot: »Österreich und die DDR haben etwas gemeinsam – beide Länder tun so, als seien sie von den Nazis überfallen worden.« Unbestreitbar! Darin liegt etwas Wahres. Aber nur so, nur aus dem geschichtslosen Nichts konnte es gelingen, etwas Neues zu kreieren: die so genannte DDR-Identität.

Diese Identität war rein nicht nur im historischen, sondern auch im ethnischen Sinn. Die Westdeutschen wurden mit verschiedenen Einwanderern konfrontiert (Italienern, Griechen, Türken); dafür sorgten die Bedürfnisse der kalt rechnenden Geldwirtschaft. Bald prägten Spaghettirestaurants und Dönerbuden das Straßenbild, und rechtsradikale Politiker formulierten ihr Unbehagen an der »durchrassten Gesellschaft«.

Auf der anderen Seite der Mauer wäre dieses Unbehagen ins Leere gefallen. Die DDR-Deutschen waren nicht »durchrasst«. (Das Häuflein kubanischer und vietnamesischer Leiharbeiter in der Hauptstadt fiel nicht weiter auf, und die Sorben in der Lausitz zählten nicht.) Zwischen Spreewälder Gurkengläsern, sozialistischen Wandsprüchen und Stasispitzeln konnte man es sich richtig gemütlich einrichten. Der international erfolgreiche Film »Good bye, Lenin« hat gezeigt, wie viel Spaß das machte. Die DDR ermöglichte ihren Einwohnern, wohlig in provinzieller Dumpfheit zu versinken. Gewiss, es gelang der Regierung nie, das Denken so konsequent abzuschaffen wie etwa dem nordkoreanischen Diktator Kim Jong Il – dafür war der Kapitalismus mit seiner Unrast viel zu nahe. Dafür gelang etwas anderes. Die DDR-Identität emanzipierte sich immer weiter von der schnöden Realität, sie wurde immer reiner und substanzloser; und so überlebte sie sogar das Ende der DDR. Nachdem die Mauer gefallen war, schwebte sie über den Wirrnissen der Zeit wie eine rötlich leuchtende Geistererscheinung, die lang gezogene Klage- und Jammertöne ausstieß. Sie wurde zum Mythos und hat sich eigentlich erst in unseren Tagen vollendet.

Gefahren der Feindberührung

Suchen Sie Ihr Heil in der Provinz! Diese Aufforderung meine ich nicht nur im geografischen, sondern auch im geistesgeschichtlichen Sinn. Es ist schädlich, wenn Sie die Grenzen Ihres Weltbildes verletzen. Kennen Sie den berühmten Holzstich, wo ein Bursche auf der flachen Erdscheibe kauert und mit seinem Dickschädel die Glasglocke durchschlägt, auf der nach Meinung der Alten Sonne, Mond und Sterne befestigt waren? An diesem Sphärenzertrümmerer sollen Sie sich bitte kein Beispiel nehmen. Den Kopf schön unter der Glashaube lassen! Da draußen im ideologischen Vakuum lauern jede Menge Gedanken.

Weigern Sie sich also, Autoren zu würdigen, die zum intellektuellen Tross feindlicher Heere gehören. Für Liberale bedeutet das: Überlassen Sie die Lektüre von Edmund Burke, der als Erster die Schrecken der Französischen Revolution bloßlegte, den Konservativen! (Da gehört der verzopfte Burke mit seiner Traditionshörigkeit ja auch hin.) Linke hingegen sollten die Berührung mit Adam Smith scheuen wie der Kardinal den Händedruck des Ketzers. (Schließlich war Adam Smith der geistige Urahn der Neoliberalen. Pfui Teufel.) Und Wirtschaftsliberale – Hände weg von Marx und Pier Paolo Pasolini (diesen radikalen Kritikern des Kapitalismus)! Alle miteinander aber machen gefälligst einen Bogen um Nicolás Goméz Dávila und Gilbert Keith Chesterton; denn diese beiden Denker waren reaktionär bis ins letzte Komma.

Bei der Berührung mit dem philosophisch-politischen Feind droht Ihnen gleich von zwei Seiten Ungemach. Erstens könnten Sie sich zum Widerspruch herausgefordert sehen, und dann müssen Sie unweigerlich Ihr Hirn in Gebrauch nehmen. Zweitens aber – und das ist viel gefährlicher – könnten Sie manche Position revidieren. Sie könnten feststellen, dass jemand, den Sie eigentlich verabscheuen, Ihnen geistig näher steht, als Sie gern zugeben; dass es subterran merkwürdige Felder der Übereinstimmung gibt; dass dieser Linke/Liberale/Konservative gar kein Scheusal, sondern ein anständiger Mensch ist; dass manche seiner Formulierungen Sie bleich machen vor Neid, weil er – tja, leider! – schreibt wie ein junger Gott. Kurz und schrecklich, es könnte geschehen, dass sich bei der Lektüre eines Feindautors wie von selbst Ihr Horizont erweitert; und das muss um jeden Preis vermieden werden. Meine Forderung, die Kirche im Dorf zu lassen, gilt also ganz buchstäblich. Sie müssen die Kirche im Dorf lassen und immer in ihrer Nähe bleiben. Sobald Sie sich so weit vom Glockengeläut Ihrer Überzeugungen entfernen, dass Sie es nicht mehr hören können, droht das Denken einzusetzen.

Das Denken feiert sich selbst

Was geschehen kann, wenn verschiedene religiöse Welten einander überlagern – das zeigen Leben und Werk des Mosche ben Maimon. Besser bekannt ist dieser Arzt und Philosoph unter seinem gräzisierten Namen Maimonides; Juden nennen ihn, beinahe zärtlich, den »Rambam«. Maimonides wurde um das Jahr 1135 im spanischen Córdoba geboren, das damals von den Moslems besetzt war. Es war eine unruhige, schwankende Zeit. Die Berber – ein marokkanisches Wüstenvolk – hatten zum Glauben Mohammeds gefunden und gleich danach ein gewaltiges Reich errichtet. Wie alle Konvertiten wollten die Berber es besonders richtig machen und waren deshalb besonders fanatisch. Sie stellten Juden vor die Alternative: Tod oder Übertritt zur einzig wahren Religion. Es gibt Gerüchte, dass die Familie des Maimonides zum Schein moslemisch geworden sei; sicher ist, dass sie vor der Religionstyrannei floh, erst nach Marokko, dann ins Heilige Land. Endlich ließ der »Rambam« sich in Fostat bei Kairo nieder, wo er zum Leibarzt des Sultans von Ägypten wurde. Er starb 1204 nach einem Leben voller Mühen.

Maimonides war ganz bestimmt der bedeutendste Talmud-gelehrte seiner Epoche. Er kodifizierte das gesamte jüdische Religionsgesetz in seinem Buch »Mischne Thora« und versuchte dabei, es nach rationalen Kriterien zu ordnen. Für dieses Werk wurde er von religiösen Autoritäten heftig kritisiert, weil er – der die heiligen Schriften auswendig im Kopf hatte – in seinem Buch keine Quellen nannte: Maimonides ersparte den Juden die ausführlichen rabbinischen Disputationen, damit sie sich stattdessen mit den Wissenschaften, mit Mathematik und Astronomie beschäftigen konnten. Verständlich, dass dies Ärger hervorrief! Immerhin wollte Maimonides seine Glaubensbrüder zum *Denken* animieren.

Noch schlimmer trieb er es in seinem »More Newuchim« – dem »Führer der Verirrten«. Dieses Werk richtet sich an philosophisch gebildete Juden, die plötzlich die Welt nicht mehr verstehen: Sie lesen ihre Bibel und schämen sich, weil der Gott, der dort geschildert wird, so gar nicht mit den antiken Weisheitslehren übereinstimmt. Er hat einen Körper, er geht spazieren, er zürnt, er erlässt nach seiner Willkür Gesetze und liebt, ohne dass es dafür einen Grund gäbe. Maimonides war beim Schreiben seines »Führers der Verirrten« von dem arabischen Philosophen Averroes beeinflusst, dessen Schriften die Glaubenshüter mit Recht als unislamisch verdammt hatten. Averroes vergötterte den Griechen Aristoteles und kritzelte eifrig Fußnoten zu jedem seiner Sätze. Er wollte zeigen, dass der Koran, den der Erzengel Gabriel Mohammed eingeflüstert hatte – wenn man ihn nur frei genug auslegt –, nichts anderes sagt als die Vernunft. In seinen Fußstapfen wollte jetzt Maimonides die aristotelische Philosophie mit dem Judentum versöhnen. Zu diesem Zweck schlug er erst einmal vor, die Bibel metaphorisch zu lesen. »Die Schrift redet in der Sprache der Menschen, damit sie auch Anfängern verständlich sei und damit man Frauen und Kinder, ja das ganze Volk, das nicht fähig ist, die Worte nach ihrem wahren Sinn zu verstehen, darin unterrichten kann.« Wenn es also heißt, Gott hat einen Arm, Moses sah seinen Rücken etc., dann ist das alles bildhaft gemeint. (Bis hierher ist Maimonides noch mit sämtlichen Rabbinern einer Meinung.) Aber auch die Eigenschaften, die wir Gott zuschreiben – »Zorn«, »Erbarmen«, »Liebe« –, sind nichts als Metaphern. Unsere Sprache erreicht ihn nicht. »Wenn man etwa die bis an das Kleinste gehende Sorgfalt seines Waltens bei dem Entstehen des Embryos im Schoß des Lebewesens erkennt, wird Gott, da eine solche Tat bei uns infolge des Gefühls des Erbarmens geschieht, ›barmherzig‹ genannt. Ebenso finden wir unter den Wirkungen Gottes, die den Menschen treffen, große und gewaltige Plagen, allgemeine Unglücksfälle, die ganze Nationen oder Landstriche zerstören, und viele ähnliche Taten, die bei uns Menschen einer dem anderen nur infolge heftigen Grolls zufügt; und so wird Gott infolge dieser Wirkungen ›eifervoll‹, ›rächend‹, ›grollend und zürnend‹ genannt.« Es sind Worte, nichts als Worte.

Nur eine Gotteseigenschaft wollte Maimonides partout nicht metaphorisch verstanden wissen: das Denken. Gott entzieht sich zwar unserer Sprache und allen Begriffen – aber gerade die Tatsache, dass wir dies verstehen können, verdanken wir dem Element in uns, welches göttlich ist. Im Schöpfungsbericht lesen wir, Gott habe dem ersten Menschen durch die Nase seine Seele eingeblasen; dies bedeutet, dass er uns die Fähigkeit zur Vernunft gegeben hat. Wenn wir von ihr Gebrauch machen, indem wir denken, sind wir eins mit dem Unbegreiflichen, der das All regiert. Was für ein philosophisches Gebäude! Und wieder sollen wir lernen, dass der Weg der Erkenntnis (wie bei Hegel; wie bei Popper) ein Weg der Verzweiflung ist, oder genauer, ein Weg der Verneinung. Wir irren uns empor. Denn wir erkennen Gott nur, indem wir immer weiter fortschreitend »Nein« sagen: Nein, er hat keinen Körper, nein, er zürnt nicht nach unserem Verständnis, nein, er liebt nicht nach unserem Verständnis, nein, er ist nicht ewig nach irdischem Zeitmaß, nein, er ist nicht eins im Sinne einer Zahl. Am Ende liegen hinter uns lauter zerbrochene Gewissheiten; vor uns leuchtet das Erhabene, und wir fassen es nicht. »Gepriesen sei Gott, dessen Wesen so ist, dass unser Denken bei seiner Betrachtung Unverstand und unsere Weisheit Torheit wird!«

Wie konnte es nur zu diesem grässlich brillanten Gedankenfeuerwerk kommen? Die Antwort ist einfach. Maimonides wohnte als einziger Philosoph des Mittelalters an der Wegkreuzung zwischen vier Kulturen: der griechisch-römischen, der jüdischen, der arabischen und der westlichen. Und er konnte der Versuchung, sich von seiner Umgebung anregen zu lassen, nicht widerstehen. Wäre er doch einfach nur Jude geblieben, ohne viel nach links oder rechts zu schauen! Der »Führer der Verirrten« wäre nie geschrieben worden. Der Welt wäre allerlei erspart geblieben, denn der *Kultus des Denkens*, den er begründete, zog immer weitere Kreise durch die Jahrhunderte. Es begann mit einem christlichen Dickwanst namens Thomas von Aquin, der mit den Schriften des »Rabbi Moses« – wie er ihn nannte – nur allzu gut vertraut war. Thomas ließ sich von ihnen anregen, die Scholastik zu erfinden, die postulierte, von nun an habe der Glaube der Vernunft zu huldigen – und nicht etwa umgekehrt. Eine entscheidende Niederlage für das Nichtdenken! Jedem theologischen Obskurantismus wurde so der Boden entzogen. Als gelehrigster (und zugleich frechster) Schüler des Maimonides aber erwies sich ein gewisser Baruch de Spinoza, der im Amsterdam des 17. Jahrhunderts lebte. Spinoza wurde wegen Ketzerei feierlich aus der jüdischen Gemeinde ausgestoßen – und das geschah ihm recht, denn er stülpte Maimonides' Grundgedanken um wie einen alten Handschuh. In seiner »Ethik« schrieb er, dass Gott mit der Welt identisch sei, und schon verabschiedete sich der freie Wille des Menschen, seine Gebete verwandelten sich in ein sinnloses Stammeln, das universale Sittengesetz löste sich in nichts auf.

Das hätte sich Mosche ben Maimon gewiss nicht träumen lassen! Ohne dass er es gewollt oder auch nur gewusst hätte, stand der »Rambam« Pate, als die moderne Philosophie gegründet wurde. Möge uns sein Beispiel eine abschreckende Lehre sein.

Warnung vor jüdischen Filmen

Das Denken wartet geduldig im Hinterhalt. Es lauert freilich nicht nur auf den Gipfeln der hohen Abstraktion, wo die Atemluft philosophisch dünn wird, sondern auch auf dem weiten Feld des Konkreten und ganz besonders im Kino. Kehren wir aus der Geistesgeschichte in den Alltag zurück; ich möchte Sie hier ausdrücklich warnen. Wenn Sie sich das nächste Mal mit Ihren Lieben einen schönen Abend machen wollen – schauen Sie keinesfalls einen jüdischen Film an! Doch jüdische Filme sind gar nicht so leicht zu erkennen. Es handelt sich jedenfalls nicht nur um Leinwandopern, wo Rabbiner mit Woody-Allen-Brille und wehenden Schläfenlocken auftreten – das wäre zu plump. Die gültige Definition lautet: Ein

Film ist genau dann jüdisch, wenn er von einer ethnisch-religiösen Minorität handelt, die es wagt, über sich selbst zu lachen.

Ein klassischer jüdischer Film nach dieser Maßgabe ist etwa »Kick It Like Beckham« von Gurinder Chadha (mit der wunderbaren Parminder Nagra in der Hauptrolle). Er handelt von einer jungen Frau, die etwas sehr Unjüdisches tut – sie spielt nämlich Fußball; dies handelt ihr eine Menge Ärger mit ihrer ebenso schrecklichen wie lauten und warmherzigen Mischpoche ein. Nun könnte man einwenden, dass der Film »Kick It Like Beckham« gar nicht unter Juden, sondern unter Sikhs in Großbritannien spielt. Aber dieser Einwand zielt am Wesentlichen vorbei. Eine Minderheit, die sich selbst auf den Arm nimmt, verwandelt sich mit naturhafter Zwangsläufigkeit in eine Variante des auserwählten Volkes. Alle Klischees stellen sich dann von selber ein – die gluckenhafte Mutter, der schwache, aber liebe Vater, das halb von Komplexen und halb von Überlegenheitsgefühlen geprägte Verhältnis zur Mehrheitsgesellschaft. Ein anderer jüdischer Film ist demnach »My Big Fat Greek Wedding« von Joel Zwick und Nia Vardalos. Hier steht ein Dauerproblem der Diaspora im Mittelpunkt – die Gefahr, dass man sich assimilieren könnte. Die Heldin lebt als Tochter griechischer Einwanderer in Chicago. Sie will einen Goj, pardon: einen Nichtgriechen heiraten, und natürlich bekommt sie haufenweise Zoress. Die warmherzig-unerträglich-laute Mischpoche springt im Dreieck, wenn sie nicht gerade Sirtaki tanzt. Unvergesslich der Tate – will sagen: der Vater der Braut –, der das Hobby pflegt, jedes Wort der Welt auf eine griechische Wurzel zurückzuführen. (Schließlich stand die Wiege der Zivilisation in Hellas, Griechisch sei also die Ursprache der Menschheit.) In einer Schlüsselszene muss der Bräutigam sich coram publico, nein, nicht beschneiden lassen, sondern einer griechisch-orthodoxen Taufe unterziehen und eine unmenschliche Menge Ouzo kippen.

Solche Streifen sollen Sie sich bitte nicht ansehen. Denn Filme dieser Machart bringen ein unangemessenes Augenzwinkern in die Angelegenheit; sie relativieren ethnische Identitäten und geben geheiligte Bräuche der Lächerlichkeit preis. Und schon kommt das Denken aus seinem Hinterhalt und schnappt zu.

Schreckliches Amerika

An dieser Stelle muss ich ein ernstes Wort über Amerika sprechen. Das Potenzial zur Katastrophe war jenseits des großen Teichs zweifellos von Anfang an vorhanden. Der Terroranschlag vom 11. September aber erwies sich als zündender Funke, der das Dynamit explodieren ließ; und nun fliegt uns eine geballte Ladung Sendungsbewusstsein um die Ohren. Als gute alte Europäer sind wir uns ja wohl einig, dass wir die Amerikaner abscheulich finden. Plötzlich nehmen diese Burschen ihren arroganten Slogan ernst, sie wollten die Welt für die Demokratie sicher machen. Ohne Respekt für andere Kulturen schicken sie ihre Soldaten nach Übersee; im Zweiten Weltkrieg ging die bewaffnete Reise nach Asien und Europa, heute führt der Trip auf die arabische Halbinsel. Im Handstreich haben die Yankees den Irak besetzt, und jetzt säen sie von dort aus ihr liberales Chaos. Diese Form des Imperialismus ist in der Geschichte ohne Beispiel. Am liebsten würden die Amerikaner den ganzen Erdball in den Farben der Stars and Stripes anmalen. Bis in den hintersten Hindukusch wollen die bewaffneten Apostel ihr Evangelium von Demokratie und Marktwirtschaft verbreiten – obwohl niemand sie darum gebeten hat.

Zum Glück betonen die meisten europäischen Kommentatoren, wie verwerflich das alles ist. Doch leider begehen sie den Fehler, dass sie der Naivität die Schuld in die Schuhe schieben. Sie schreiben also, dass das ganze Unterfangen auf Unkenntnis basiere, dass die Yankees nicht wüssten, auf welche welthistorischen Kräfte sie sich da einließen, dass ihre Macht sie trunken gemacht habe, dass der Kern des neuen amerikanischen Imperialismus banaler christlicher Missionswahn sei. Diese Kritik schießt sich konsequent auf den 43. Präsidenten der Vereinigten Staaten ein, dem die Dämlichkeit ja wirklich ins Gesicht geschrieben steht. So fällt es den Kommentatoren in Europa leicht, die amerikanische Malaise als Ausfluss des Nichtdenkens darzustellen. Indes: Die Wahrheit ist viel erschreckender. George W. Bush ist nur eine Galionsfigur – und dem Schiff, an dessen Bug er festgemacht ist, bläht ein intellektueller Sturmwind die Segel. Der neue amerikanische Imperialismus ist ein Produkt des puren, schieren, teuflisch brillanten Denkens. Er wird vorwärts getrieben von Harvardprofessoren, Nahostkoryphäen, die mit sanfter Stimme sprechen, und anderen Schlaumeiern. Es ist kein Zufall, dass der Begriff *think tank* (der »Expertenstab« bedeutet) in den USA geprägt wurde. Die tiefere Ursache der Malaise ist aber, dass sich im Vielvölkerstaat Amerika verschiedene Kulturkreise überlappen, die besser getrennt geblieben wären. Zwei Beispiele mögen das verdeutlichen.

Das erste Beispiel ist Paul Wolfowitz. Der stellvertretende Verteidigungsminister der USA stammt aus einer jüdischen Arbeiterfamilie; und eigentlich hätte er, wenn er schon unbedingt den Sprung zur Universität wagen musste, Judaistik oder Arbeiterliteratur studieren können. Aber nein! Er entschied sich für Mathematik und erwarb später einen Doktortitel in politischen Wissenschaften. Und dann wurde der jüdische Arbeiterjunge Dekan und Professor an der Johns Hopkins University. Und in dieser Eigenschaft interessierte er sich – ausgerechnet! – für Orientalistik. Unaufhörlich lud er Experten zu Vorträgen ein und beschäftigte sich im Selbststudium mit Kultur und Geschichte des Nahen Ostens. So geschah das Unglück: Paul Wolfowitz half mit, den Krieg gegen den Irak des Saddam Hussein vom Zaun zu brechen. Er vertrat die These, dass die Araber genau so fähig seien, in Demokratien zu leben, wie andere Menschen auch. Welch folgenreicher Irrtum!

Mein zweites Beispiel ist Condoleezza Rice. Diese dunkelhäutige Frau wurde in Alabama geboren; und eigentlich hätte sie Afrikanistik studieren und den Rest ihres Lebens damit verbringen müssen, ihr bitteres Los im rassistischen Amerika zu beklagen. Wenigstens hätte sie daran denken können, dass sie eine Frau ist, und sich auf feministische Literaturtheorie spezialisieren können. Doch sie zog es egoistisch vor, eine steile Universitätskarriere zu starten. Keinen Gedanken verschwendete sie an ihre unterdrückten Brüder und Schwestern. Schon bald hatte sie eine hohe Stellung an der Universität von Stanford inne. Sie schrieb Bücher über Deutschland und die Sowjetunion und die Armee der Tschechoslowakei. Was hatte all dies mit ihrer ethnischen Identität zu tun? Nichts. Auch hier ließ das dicke Ende nicht auf sich warten: Frau Dr. Rice brachte es bis zur amerikanischen Außenministerin. Wenn der amerikanische Imperialismus so aggressiv gegen seine Feinde vorgeht, dann haben wir das auch ihr zu verdanken. Sobald jemand sein Dorf, seine Kirche und seine Herkunft hinter sich zurücklässt, führt der Weg eben zwangsläufig in den Abgrund.

Meine beiden Beispiele machen einen ungemütlichen Zusammenhang deutlich. Sie zeigen, dass Denken und Krieg in ihrem tiefsten Inneren verbunden sind. Nicht umsonst stellten die alten Griechen Athene, die jungfräuliche Göttin der Erfindungsgabe und des Intellekts, stets im Panzer dar – mit einem Speer in der Hand und einem Helm auf dem Kopf. Condoleezza Rice würde sich, wenn sie ehrlich wäre, nur noch in dieser Pose ablichten lassen. Das Nichtdenken dagegen eifert nicht; es ist langmütig und freundlich, treibt nicht Mutwillen, bläht sich nicht, lässt sich nicht erbittern und trachtet nicht nach Schaden.

Unglückliches Amerika

Erfreulicherweise gibt es auch ein anderes Amerika. Im Mittleren Westen träumen Dörfer vor sich hin, in denen ist seit den Indianerkriegen kein Gedanke mehr gesichtet worden. Verschiedene Gruppen – die Mormonen, die protestantischen Fundamentalisten, der Ku-Klux-Klan – haben das Denken kurzerhand verboten. Und an den Universitäten operiert die Bewegung für Political Correctness. Diese Bewegung besteht darauf, dass die verschiedenen Minoritätengruppen sich exklusiv mit ihrer jeweils eigenen Kultur und Literatur beschäftigen. Nicht mehr der westliche Kanon soll den Lehrplan bestimmen – also die Bücher von Shakespeare, Kant und anderen *dead white heterosexual males* (»toten weißen heterosexuellen Männern«); stattdessen werden afrikanische Regentänze und indianische Spruchweisheiten studiert. Ein Professor afrikanischer Herkunft bringt seinen Studenten sogar eine spezifisch »schwarze Mathematik« bei, da die Arithmetik der Weißen auf Herrschaftsstrukturen beruhe. Der universale Anspruch der USA, der aus verschiedenen Stämmen ein großes demokratisches Ganzes schmieden will, wird von den Adepten der Political Correctness rundheraus abgelehnt. Sie wollen sich auf ihren Status als Opfer besinnen und es dabei bewenden lassen.

All dies sind zweifellos gute Ansätze, aber leider stellt der Krieg gegen den Terror vieles wieder in Frage. Die USA werden, wenn sie sich als imperiale Supermacht in der Welt behaupten wollen, gar nicht anders können, als künftig das Rom des zweiten vorchristlichen Jahrhunderts nachzuahmen. Damals erreichte das Imperium seine größte Ausdehnung und verlieh den gesellschaftlichen Eliten im Balkan, dem Nahen Osten und Nordafrika die Bürgerrechte. So werden auch die Behörden in Washington sich verstärkt den Bindestrich-Existenzen zuwenden. Das Weiße Haus wird Araber und Perser, aber auch Mexikaner mit amerikanischen Pässen hätscheln und pflegen. Man wird sie als CIA-Agenten rekrutieren. Man wird sie für Aufgaben der Propaganda gewinnen. Man wird ihnen traumhafte Gehälter bezahlen und sie zur Verwaltung der neu gewonnenen Kolonien einsetzen. Bei den Special Forces – den kleinen Gruppen professioneller Soldaten, die von Afghanistan bis Kolumbien Jagd auf Terroristen machen – wird die Kenntnis von Fremdsprachen bald wichtiger sein als die Kenntnis von Nahkampftechniken. Kurz, die Yankees werden rund um den ganzen Globus Cultural Studies betreiben. Brutstätten der Intelligenz wie Harvard, Princeton und Yale werden dabei zweifellos eine verhängnisvolle Rolle spielen. Und da für die nächsten Jahrzehnte eine weltgeschicht-

liche Sturmwarnung gilt, wird man sich auch in den hintersten Kleinstädten des Mittleren Westens für Politik interessieren. Insofern stellt sich die Frage, ob die Kunst des Nichtdenkens in der Neuen Welt überhaupt eine Zukunft hat.

PRAKTISCHE ÜBUNGEN

I. Gehen Sie eine Woche lang in der Tracht Ihrer Landsmannschaft spazieren. Sollten Sie keiner Landsmannschaft angehören, brauchen Sie nicht zu verzweifeln; Sie können sich einfach eine besonders schöne Tracht aussuchen (vielleicht finden Sie sogar im Internet eine). Auf die innere Einstellung kommt es an!

II. Merzen Sie aus Ihrem Sprachgebrauch sämtliche Fremdwörter aus. Das ist gar nicht so leicht, wie es klingt, denn manche Fremdwörter sind nicht ohne weiteres als solche erkennbar. Ich empfehle die Anschaffung eines Fremdwörterlexikons. Sie können sich dann eliminatorisch von A bis Z vorarbeiten.

III. Treten Sie einem Schützenverein bei. Dies ist freilich nur möglich, wenn Sie zuvor längere Zeit auf dem Dorf gelebt und bewiesen haben, dass sie »dazugehören«. Aber genau darum geht es ja!

Der dritte Pfad:
Es darf gelacht werden!

BEWEISEN SIE SINN FÜR HUMOR.
GRÖLEN SIE MIT DER MEUTE

Damit Sie den dritten Pfad beschreiten können, muss ich zunächst ein Missverständnis beseitigen, das den Weg versperrt wie ein knorriger alter Baumstamm. Dieses Missverständnis besagt, dass Lachen und Intellekt, Humor und Denken notwendig miteinander verknüpft seien. Am eindrucksvollsten wird dieser Fehlschluss in Umberto Ecos Kriminalroman »Der Name der Rose« befördert. Eine Serie von grausigen Morden zerstört in diesem Buch den Frieden einer namenlosen Abtei im Italien des vierzehnten Jahrhunderts. Mönche werden ertränkt, schwimmen in ihrem Blut, werden vergiftet. Der junge Adlatus Adson und sein Meister William von Baskerville, die in dem unheimlichen Kloster zu Gast sind, lesen in der allgemeinen Unübersichtlichkeit Spuren und entdecken die induktive Kriminalistik, lange bevor sie erfunden wird. Die Spuren führen in komplizierten Schleifen (und nach vielen Disputationen über Gott, den Papst und die Welt) zu einem legendären Buch – der verloren geglaubten »Theorie der Komödie« von Aristoteles. Diese Handschrift wird von einem bösen blinden Greis bewacht, der das Lachen verbieten möchte. Als Adson und William von Baskerville des Rätsels Lösung gefunden haben, mündet Umberto Ecos Roman in ein apokalyptisches Finale. Die heilige Inquisition bemächtigt sich des Klosters. Ketzer und Hexen werden auf dem Scheiterhaufen verbrannt, aber auch die herrliche Klosterbibliothek sinkt mit all ihren Schätzen in Asche nieder. Und im flackernden Schein der Flammen leuchtet den Lesern die Moral von der Geschicht': Fanatiker sind immer humorlos – ganz gleich, ob es sich um Ketzer oder Inquisitoren handelt. Sie zünden Büchereien an, um die »Theorie der Komödie« von Aristoteles zu vernichten. Wahrheitssucher aber, die sich ihres eigenen Verstandes bedienen, kommen ohne ein Quäntchen Humor nicht aus.

»Humor ist – nach einem bekannten Wort – wenn man trotzdem lacht«, schrieb der Skeptiker Odo Marquard. »Philosophie ist – nach einem betrüblicherweise immer noch nicht zureichend bekannten Wort, das nun allerdings gerade von mir stammt –, Philosophie ist, wenn man trotzdem denkt. Lachen und Denken haben – diesem nach – irgendwie miteinander zu tun: aber wie? Nicht, meine ich – und widerspreche damit einer verbreiteten Traditionsmeinung –, nicht so, dass das Lachen als ein dem Denken gegenüber Anderes und Minderes das Denken stört; sondern ganz im Gegenteil: das Lachen ist ein Denken; und Denken – merkende Vernunft und also auch Philosophie – ist die Fortsetzung des Lachens unter Verwendung des Lachmuskels Gehirn.«

Das ist nun glücklicherweise vollkommen falsch, vom ersten Wort bis zur letzten Silbe. Wenn stimmen würde, was Odo Marquard hier behauptet, dann müsste man sich sofort auf die Seite des blinden bösen Greises in Umberto Ecos Roman schlagen; man müsste das Gelächter auf den Index setzen und das Faxenmachen verbieten. »Zum Humor braucht es immer ein wenig Geist«, befand Gottfried Keller, »Tiere lachen nicht.« Was die Tiere betrifft, hatte der schweizerische Schriftsteller wahrscheinlich Recht, aber sonst befand er sich im Irrtum. Und *sub aeternitatis specie* – also vom Standpunkt des Nichtdenkens aus betrachtet – kann man nur sagen: Gott sei Dank.

Humor oder Witz?

In Wahrheit braucht auf die Freuden des Humors keineswegs zu verzichten, wer seine Gehirntätigkeit einstellen will. Das mag überraschend klingen; und doch wird es sofort klar, wenn wir uns die Urszene des Humors betrachten. Sie findet sich in dem Film »Mad Max« von George Miller (mit Mel Gibson in der Hauptrolle), der in einer Welt nach dem Atomkrieg spielt. Die soziale Ordnung ist zusammengebrochen. Von dem, was früher einmal übertreibend »Menschheit« hieß, sind nur noch Banden übrig geblieben, die einander bis aufs Messer bekämpfen.

Zu einer dieser Banden gehört ein Krieger, dessen Waffe ein scharf geschliffener Bumerang aus Metall ist. Er wirft seinen Bumerang in hohem Bogen fort – aus der Vogelperspektive sehen wir, wie er schnell um sich selbst rotiert und wieder zu seinem Herrn zurückfliegt, der ihn auffangen will, aber daneben greift – und nun geschieht das Entsetzliche: Der Bumerang säbelt ihm vier Finger einer Hand ab. Der Krieger, ein Kerl mit langen Haaren und schlechten Zähnen, steht starr da, während ihm das Blut aus den Wunden schießt. Der Schock verbetäubt den Schmerz. Plötzlich fängt der Bandenchef an, schallend zu lachen. Und die anderen Bandenmitglieder stimmen ein. Sie prusten, schlagen sich auf die Schenkel, wiehern, meckern und bellen. Und nun beginnt, nach einer verblüfften Sekunde, auch der ungeschickte Bumerangwerfer vor Lachen zu grölen – was bleibt ihm anderes übrig?

In dieser kleinen Episode sind schon sämtliche Elemente des Humors versammelt. Zunächst wird hier das Geheimnis verraten, dass der Humor seine Wurzeln in der Schadenfreude hat. (Wahrscheinlich ist er entstanden, als ein Neandertaler beobachtete, wie sein Nachbar auszog, um ein Mastodon zu erlegen, und wenig später auf den Stoßzähnen vorbei getragen wurde.) Ferner sehen wir, dass beim Humor häufig ein Häuptling, Chef oder Vereinspräsident den Ton angibt. Er bestimmt, worüber und wie lange gelacht wird, und seine Untergebenen sind gut beraten, sich ihm beim Lachmuskeltraining ohne Zögern anzuschließen. Schließlich stiftet der Humor – auch das ist in jener Filmszene gut beobachtet – eine Gemeinschaft von Lachenden, und zwar in ihrer einfachsten Form: der Horde. Deshalb gibt es viele humorvolle Scherze, in denen die Angehörigen anderer Gemeinschaften verhöhnt werden, sei es ihrer Hautfarbe, ihrer Sitten oder ihres Geschäftssinnes wegen. Dass das Opfer in das brüllende Gelächter auf seine Kosten einfällt, ist freilich ein Ideal, das von der Wirklichkeit selten erreicht wird.

Vom Humor muss der Witz scharf unterschieden werden. Der Witz ist der Zwillingsbruder des Geistes; wo jener auftritt, ist der andere leider oft nicht weit. Er ist klein und flink und schleicht sich durch die Hintertür ein, wo der Humor krachend das Hauptportal bevorzugt. Der Witz zwingt völlig disparate Dinge unter einen Nenner – oft sind es reine Gegensätze. Er hat keine Urform, aber hätte er eine, wäre es vielleicht jene Anekdote, in der Moische am Freitagvormittag seinem Freund Jankl begegnet, der mit Gebetsschal und Gebetbuch über die Straße hastet. »Jankl«, fragt Moische, »wohin gehst du so eilig?« – »Ich gehe in den Puff«, sagt Jankl. – »Und warum hast du dann dein Gebetbuch dabei?« – »Wenn es mir gefällt, bleib' ich über Schabbes.« Der Witz entsteht daraus, dass hier Unvereinbares zusammen gedacht wird: der Sabbat und das Bordell. Seine besondere Würze kommt daher, dass gerade die jüdische Religion peinlich darauf bedacht ist, das Heilige vom Profanen, das Reine vom Unreinen zu trennen, so dass ein winziges Stück Räucherspeck in einer ansonsten völlig kosheren Hühnersuppe ausreicht, um diese für den frommen Genuss ungeeignet zu machen. Unabweisbar stellt sich das Bild eines Juden mit Schläfenlocken ein, der pünktlich zum Sonnenuntergang am Freitagabend zwischen halbnackten Damen in Stöckelschuhen das »Lecha Dodi« anstimmt (also jenes Lied, mit dem die Sabbatbraut begrüßt wird). Dazu muss man bedenken, dass nach jüdischer Lehre sofort der Messias käme, wenn alle Juden auf der Welt zweimal hintereinander den Sabbat einhalten würden. Und plötzlich wird die ganze messianische Idee vom Blitz des Surrealen erleuchtet.

Anders als der Humor stiftet der Witz keine Gemeinschaft; oft zerstört er sie. Just das hat der tschechische Autor Milan Kundera zum Thema seines Romans »Der Scherz« gemacht. In diesem Buch schickt ein naiver Student in der kommunistischen Diktatur seiner Freundin eine Postkarte, weil er sie durch Kessheit beeindrucken möchte. Er schreibt: »Optimismus ist das Opium der Menschheit! Ein gesunder Geist mieft nach Dummheit. Es lebe Trotzki!« Wiederum werden disparate Elemente zusammengebracht (Optimismus und Rauschgift, Geist und Idiotie); der Witz ist aber, dass hier jedes Wort buchstäblich wahr ist. Der Optimismus der Kommunisten, die Zwangsarbeit als höchste Stufe der Kultur feierten, war in der Tat Opium; er betäubte und benebelte den Intellekt. (Dass nebenbei auf Marx angespielt wird, der Religion »das Opium des Volkes« nannte, ist treffend – denn die kommunistische Ideologie trug religiöse Züge.) Und der »gesunde Geist« des Ostblocks roch wirklich nach verschwitzter Dummheit. Er wohnte in den gesunden Körpern von Jugendlichen, die einen Massenaufmarsch nach dem anderen absolvierten. Die Partei begreift all das sofort, sie nimmt den Scherz todernst. Der naive Student wird erst zum Verhör zitiert und anschließend aus seiner Lebensbahn geworfen. Er stößt zu den Zerbrochenen, Schwankenden und Vagabunden – vor allem, weil er nicht anerkennen will, dass der Urteilsspruch der Partei gerecht war. Die Horde spuckt ihn aus, und er beginnt zu denken. Was für ein Entsetzen! Mit Humor wäre so etwas nie passiert, nur Witz konnte ihn so ins Unglück stürzen.

Am einfachsten lässt sich die Differenz zwischen Witz und Humor wiederum anhand einer Filmszene illustrieren. Wir haben sie irgendwie alle schon einmal gesehen: *Ein Mann mit Zylinder geht eine Straße entlang / Schnitt / Eine Bananenschale liegt auf der Straße / Schnitt / Der Mann mit dem Zylinder geht weiter die Straße entlang / Schnitt / Die Bananenschale in Nahaufnahme / Schnitt / Der Mann mit dem Zylinder pfeift fröhlich vor sich hin / Schnitt / Die Bananenschale liegt da wie ein furchteinflößendes gelbes Gebirge / Schnitt / Der Mann mit dem Zylinder fällt durch einen offenen Kanaldeckel.*

Humor ist, wenn der Mann mit dem Zylinder wirklich auf der Bananenschale ausrutscht.

Der Unterschied ist nicht nur, dass im einen Fall das Erwartbare, im anderen Fall das Unerwartete geschieht. Der Unterschied ist auch, dass wir, wenn der Mann auf der Bananenschale ausgleitet, über ihn lachen – aber wenn er plötzlich in den Kanal plumpst, lachen wir über uns selbst. Die Versuchsanordnung des Witzes zeigt, indem sie Disparates zusammenzwängt, das Leben in seiner ganzen schrecklichen und wunderbaren Kompliziertheit. Und schon können wir nicht mehr anders, als uns mit dem Helden dieser kleinen Episode zu identifizieren. Wir alle (auch Sie, geneigte Leserin) sind der Mann unter dem Zylinderhut, der mit fröhlicher Zielstrebigkeit auf die nächste Katastrophe zusteuert.

Lob des Blödelns

Unnötig zu sagen, dass Witz von jedem, der sich das Denken abgewöhnen will, peinlich gemieden werden muss. Zum Glück existiert in Deutschland eine Form des Spaßes, die den völligen Verzicht auf Geist schon durch den Namen annonciert: das so genannte Blödeln. (Es gibt das Wort und die Sache wohl wirklich nur hier; im Englischen etwa kann man aus dem Adjektiv *daft* kein Verb bilden.) Beim Blödeln geht es darum, ein dummes Gesicht zu machen und unsinnige Sachen zu sagen. Doch wenn wir dieses Phänomen genauer verstehen wollen, müssen wir erst einmal klären, was absurder Witz ist – der manchmal auch Nonsens genannt wird.

Beim absurden Witz handelt es sich um eine zarte Pflanze, die nur dort blüht, wo ein logisches Spalier sie stützt. Am besten gedeiht sie auf dem sauren Boden der Skepsis. Das Blödeln entsteht, wenn man das Pflänzchen in den feucht glänzenden Humus des Frohsinns umtopft und das logische Spalier einfach weglässt. Der Witz verdorrt auf der Stelle, das Blödeln kann beginnen. Der Meister dieser Disziplin ist ein blonder Mathematiklehrer namens Otto Waalkes. In heroischer Selbstbeschränkung bestreitet er ganze Shows damit, blauäugig aus der Wäsche zu schauen, Gitarre zu spielen und merkwürdig brummende Geräusche mit dem Mikrophon zu produzieren. Zwischendurch watschelt er auf der Bühne herum. Eben: Er »blödelt« – er lässt dem Denken keine Chance, und dankbar fühlt das Publikum sich wie eine große Familie.

Vergleichen wir das mit dem Vater der Nonsens-Poesie, mit Edward Lear! Dieser spätviktorianische Gentleman war das jüngste von einundzwanzig Kindern; keine Frohnatur, sondern Epileptiker und wahrscheinlich manisch-depressiv. Er verbrachte sein Leben rastlos mit Reisen, nach Italien, Ägypten, Palästina, Deutschland. Und er erfand nebenher den Limerick, ein fünfzeiliges Gedicht mit kompliziertem Rhythmus und vertracktem Reimschema, in dessen erster Zeile (nach Meinung der Puristen) immer ein Ortsname vorkommen muss. Zu den bekannteren Limericks von Edward Lear gehört dieser hier:

There was an Old Man of Whitehaven,
Who danced a quadrille with a raven;
But they said: »It's absurd
To encourage this bird!«
So they smashed that Old Man of Whitehaven.

Es war einmal ein alter Mann aus Whitehaven, der tanzte mit einem Raben Quadrille. Sie aber sagten: »Es ist absurd, diesen Vogel zu ermutigen!« Und so zermatschten sie den alten Mann aus Whitehaven. – In der Übersetzung geht die Komik verloren, nicht aber der Schrecken über das, was »sie« tun. »Sie« – »They« – das sind bei Edward Lear die Realisten, die praktischen Leute, die Männer im Anzug, die Kunst hassen und ihre exzentrischen Zeitgenossen ständig davon abhalten wollen, ihrem Privatvergnügen zu frönen. Dass »sie« einen alten Mann mit dem Tod bestrafen, nur weil er mit einem Raben tanzt, sieht ihnen ähnlich.

Lears Poesie ist (wie die meiste Unsinnsdichtung nach ihm auch) absurd und von unerbittlicher Logik. Sie ist lustig und oft schrecklich, dabei aber nie bitter. Sie hat tonnenweise Witz, aber kein Gran Humor. Wer mit dem Denken aufhören möchte, sollte die Finger davon lassen.

Lob des Spaßes

Der Spaß benötigt eigentlich kein Lob, denn er lobt sich selber. Er ist ein konfettibuntes, wieherndes, trompetendes Kreiseln, Schwindeln, Armerudern, Beinewerfen – ich sage nur: Frohsinn, Rheinland, Karneval, und Sie wissen sofort, wovon ich rede. Alaaf! Als angehender Nichtdenker können Sie gar nicht genug davon bekommen (Kondome nicht vergessen). Anders verhält es sich mit dem Vergnügen. Hier gibt es auch fragwürdige Spielarten, bei denen Gedanken freigesetzt werden – also Vorsicht.

Lob des politischen Kabaretts

Zu den bewunderungswürdigsten Einrichtungen, die der Humor sich geschaffen hat, gehört das Kabarett. Der Sinn dieser

Institution ist, Menschen zu einem Gefühl der moralischen Überlegenheit zu verhelfen. Im Grunde funktioniert das nach dem Muster der oben geschilderten Urszene – eine Gruppe wird durch Gelächter zur Horde zusammengeschmiedet –, nur ist es hier durch einen höheren Zweck geadelt. Das Lachen im Kabarett gilt »denen da oben«, ihre Skandale werden mit schadenfrohem Jauchzen quittiert; aus diesem Jauchzen folgt, dass wir (das Volk, die einfachen Menschen) auf der richtigen Seite stehen. Wehe dem Kabarettisten, der es wagen würde, sich über die Ressentiments der johlenden Mehrheit lustig zu machen statt über Bischöfe und Bundeskanzler! Er würde mit faulen Tomaten von der Bühne gefegt – das Publikum versteht da keinen Spaß. Zum Glück kommt so etwas nie vor. Der Kabarettist weiß schließlich, warum die Leute ihre Eintrittskarte gelöst haben – sie wollen in ihren fortschrittlichen Vorurteilen bestätigt werden. Und nur solange er diese Aufgabe zur allseitigen Zufriedenheit versieht, kann er da vorne im Rampenlicht den Zampano machen. Mag sein, dass das Kabarett früher einmal etwas mit subversivem Geist zu tun hatte, vielleicht im achtzehnten Jahrhundert oder im Mittelalter. Aber diese finsteren Zeiten sind gottlob längst vorbei.

Reinlich vom Kabarett zu unterscheiden ist der politische Witz. Dieser blüht in keinem institutionalisierten Rahmen, keinem eigens für ihn geharkten Gartenbeet; er entsteht wie von selbst, sobald die Verhältnisse unerträglich werden. (Hier bestätigt sich wieder einmal der enge Zusammenhang von Denken und Unglück!) Der politische Witz ist Brennesselkraut am Wegesrand. Besonders unangenehm stechende Exemplare wucherten in der Sowjetunion, hier ist eines von ihnen: Parteiversammlung. Der Parteisekretär erklärt, wie wunderbar das

Leben sein wird, wenn der Sozialismus erst einmal seine nächste Entwicklungsstufe erreicht hat. »Und im Jahr 2050«, ruft er aus, »wird jeder Arbeiter in der Sowjetunion sein eigenes Flugzeug haben!« Hinten meldet sich ein Zuhörer. »Nur eines verstehe ich nicht«, sagt er schüchtern, »wozu brauche ich ein Flugzeug?« – »Sei nicht unlogisch, Genosse«, sagt der Parteisekretär. »In deinem Flugzeug wirst du doch ein Radio haben, oder?« – »Ja.« – »Also, du steigst auf und schaltest dein Radio ein. Und dann hörst du, es gibt Streichhölzer in Charkow. Und schnurstracks fliegst du die dreitausend Kilometer nach Charkow …« Wieder funktioniert der Witz dadurch, dass gegensätzliche Elemente zusammengezwungen werden (hier: die Versorgungslücke und das Paradies auf Erden). Ein surrealer Blitz erhellt den kläglichen sowjetischen Alltag – das Schlangestehen, die Lügen, den real existierenden Bankrott. Und darum waren solche Witze mit Recht verboten.

Scherz oder Satire?

Vor ein paar Tagen erzählte mir ein Freund, er könne kaum noch den Fernseher einschalten, ohne eine satirische Sendung zu sehen. Ich fing schon an, mir ernsthaft Sorgen zu machen, aber dann konnte ich mich durch Augenschein davon überzeugen, dass mein Freund gelogen hatte. Die fraglichen Sendungen hießen zwar satirisch, in Wahrheit handelte es sich aber um gewöhnliche Späße vor der Kamera. Und das ist auch gut so! Denn die Satire ist ein völlig humorloses Genre, das im Fernsehen nichts verloren hat. Das liegt an einem peinlichen Geheimnis, über das normalerweise eisern geschwiegen wird:

Die Satire ist konservativ. Sie misst den Menschen mit einem moralischen Urmeter, das sich der Satiriker als ewig vorstellt – und dabei findet sie ihn noch stets zu klein, zu mies und zu dumm. Mit Optimismus und Fortschrittsglauben hat das nichts zu tun. Deutlich wird dies am Beispiel jenes Mannes, der wahrscheinlich der größte Satiriker der Neuzeit gewesen ist – ich meine Jonathan Swift.

Geboren wurde er 1667 in Dublin als Sohn einer angloirischen Familie; das heißt, Swift gehörte zur protestantischen Oberschicht. Aber er wuchs unter lauter katholischen Bediensteten auf, kannte also das Leben der armen Leute in Englands erster Kolonie. Als Erwachsener reiste er ohne Pause zwischen Dublin und London hin und her; dort gehörte er zu den Stars der intellektuellen Salons. Zu Hause machte er Karriere in der anglikanischen Kirche. Schließlich brachte er es sogar zum Dekan der St-Patrick's-Kirche. Jahrzehntelang liebte er eine jüngere Frau, Stella – und sie liebte ihn –, aber wahrscheinlich hat er sie nie berührt. Und er musste miterleben, wie sie vor ihm starb. Er war ein Propagandist der Tories, also ein richtiger, waschechter, sogar radikaler Rechter. (Freilich war er gleichzeitig ein Anarchist.) Als die – fortschrittlichen – Whigs in London die Macht übernahmen, zog Swift sich auf seine grüne Insel zurück. Alle kennen wenigstens dem Namen nach seinen größten Beitrag zur Weltliteratur, den Roman »Gullivers Reisen«. Dieses Werk wird heute als Kinderbuch gehandelt – was für ein groteskes Missverständnis! »Gullivers Reisen« ist eine bittere Abrechnung mit der Korruption, der Dummheit, den Intrigen seiner Zeit. Seine englischen Landsleute schildert er als verdorbene Zwerge, die nichts dabei finden, einen Krieg wegen der Frage zu entfesseln, ob man das Frühstücksei lieber oben oder unten aufschlagen soll. Er schreibt: »Ich komme zu dem

Eindruck, dass die Mehrzahl der Eingeborenen hier die bösartigste Rasse von widerlichem kleinem Ungeziefer ist, dem die Natur je erlaubt hat, auf der Erdoberfläche herumzukrabbeln.« Aber es geht nicht nur um englische Politik. Am Ende schwingt sich »Gullivers Reisen« zu einem satirischen Angriff auf die ganze Menschheit empor. Auf seiner letzten Reise entdeckt Swifts Held das Land der edlen Pferde, der Houyhnhnms, die gebildete Konversation betreiben, während die Menschen – die Yahoos heißen – keinen Grips im Kopf haben und sich mit ihren eigenen Exkrementen beschmieren. Nachdem er von dieser Reise zurückgekehrt ist, hält Gulliver es nicht mehr bei seinen Mit-Yahoos aus (vor allem ihr Geruch macht ihm zu schaffen). Er quartiert sich im Stall ein und redet von da an ausschließlich mit seinen vierbeinigen Freunden.

Wie Satire funktioniert – das sieht man vorzüglich an Jonathan Swifts Essay »Ein bescheidener Vorschlag«. Swift leitet seinen Text ein, indem er herzzerreißend das soziale Elend in Irland schildert, die Bettelei, die Mütter in Lumpen, den Hunger, die Kälte, vor allem aber die viel zu vielen Kinder in den Straßen. Und dann ändert sich plötzlich der Ton: »Ein mir bekannter Amerikaner in London hat mir versichert, dass ein junges, gesundes, wohlgenährtes Kind im Alter von einem Jahr ein äußerst wohlschmeckendes, nährendes und gesundes Gericht abgibt, ob man es nun dünstet, brät, grillt oder kocht; und ich habe keinen Zweifel, dass es auch in einem Frikassee oder Ragout vorzüglich munden würde.« Und nun rechnet Swift mit sämtlichen Fingern vor, welche Vorteile sich daraus ergeben, wenn man die Kinder der Armen schlachtet und aufisst. Alle ökonomischen Probleme Irlands wären auf einen Schlag gelöst! Die armen Pächter würden endlich über ein wenig Eigentum verfügen; das Gastronomiegeschäft würde sich beleben; die Eltern bräuchten nach dem ersten Lebensjahr keinen einzigen Shilling mehr für ihre Sprösslinge aufzuwenden. Swift kann es sich sogar leisten, großzügig zu sein. Extremen Auswüchsen seines bescheidenen Vorschlags tritt er selbstverständlich entgegen: Ein Freund von ihm, verrät er, habe die Idee vorgetragen, man könne Jugendliche zwischen zwölf und vierzehn Jahren als Jagdwild für die Reichen in den Wäldern aussetzen. Doch zum einen sei in diesem Alter das Fleisch schon recht zäh. »Und außerdem ist es nicht unwahrscheinlich, dass einige gewissenhafte Leute solch eine Praxis (natürlich völlig zu Unrecht) als beinahe schon ein wenig grausam angreifen könnten, und das war, wie ich gestehe, schon immer der stärkste Einwand gegen ein Projekt, wie gut es auch immer gemeint sein mag.« Swift stellt sich herzlos und dumm. Wenn er diese notwendigen Maßnahmen skizziere, schreibt er, interessiere ihn nichts als »das Gemeinwohl meines Landes, damit unsere Wirtschaft gestärkt und für die Kinder gesorgt wird, indem man die Armen entlastet und den Reichen ein wenig Vergnügen gönnt«. Nicht der schnöde Eigennutz treibe ihn an: »Ich habe keine Kinder, durch die ich hoffen könnte, auch nur einen Penny zu verdienen – denn das jüngste ist neun Jahre alt und meine Frau jenseits des Alters, wo man noch schwanger werden kann.« Jetzt frage ich Sie, lieber Leser: Finden Sie das etwa lustig? Ist denn auch nur ein Funken Humor in diesem Text, ist er nicht vielmehr angetrieben vom Furor einer wilden moralischen Entrüstung?

Jonathan Swift starb 1745, die letzten Jahre seines Lebens verbrachte er in geistiger Umnachtung. Er liegt in St Patrick's in Dublin begraben. Auf seinem Grabstein steht in großen goldenen Buchstaben eine lateinische Inschrift, die er selbst entworfen hat: *Hic depositum est corpus / JONATHAN SWIFT S.T.D. /*

Huyus Ecclesiae Cathedralis / Decani / Ubi saeva indignatio / Ulterius / Cor lacerare nequit / Abi Viator / Et imitate, si poteris / Strenum pro virili / Libertatis Vindicatorem. Auf Deutsch heißt das ungefähr: »Hier liegt der Körper von Dr. Jonathan Swift, dem Dekan dieser Kathedrale – er ist dort, wo wilde Empörung das Herz nicht mehr zu zerfleischen vermag. Geh fort, Wanderer, und wenn du kannst, dann eifere ihm nach, der mit äußerster Kraft für die Freiheit stritt.« Kein Zweifel, ein imposanter Grabspruch. Aber war er den ganzen Aufwand wert?

Wer nicht so sterben will wie Jonathan Swift: irre, verzweifelt, menschenfern – der halte sich von der Satire fern und verlerne beizeiten das Denken.

Nieder mit der Ironie

Für den, der mit der Gewohnheit des Denkens brechen möchte, ist die Ironie naturgemäß Feindesland. Sie ist das Reich des Bösen, verstrahltes Gelände, das finstere Mordor, in dessen Mitte das schlaflose Feuerauge glüht. Glücklicherweise verzichtet auf nichts Großartiges, wer um die Ironie einen weiten Bogen macht. Sie ist kein Zeichen von Stärke, sondern ein Zeichen von Schwäche; es gibt bei ihr – insofern ist der Vergleich mit dem finsteren Reich Mordor treffend – wirklich nichts zu holen. Sieger sind nicht ironisch, nur die anderen müssen es sein. Hier sei die aktuelle Anmerkung gestattet, dass im deutschen Jugendjargon zurzeit keine wüstere Beleidigung als das Wort »Opfer« existiert (»Bist du ein Opfer oder was?«). Um es einmal ganz deutlich zu sagen: Ironie ist etwas für *Opfer.* Wie der polnische Lyriker Ceslaw Milosz in einem seiner Gedichte konstatierte, ist sie »die Glorie der Sklaven«.

Man kann dasselbe auch militärisch ausdrücken: Ironie ist ein Rückzugsgefecht. Sie ist die Waffe dessen, der keine Waffen hat und überdies weiß, dass sein Kampf verloren ist. Anschaulich wird dies anhand eines Beispiels: 1940 überrannte die deutsche Wehrmacht Frankreich, Churchills Soldaten mussten Hals über Kopf Dünkirchen räumen, und der englische Schriftsteller P. G. Wodehouse geriet in deutsche Gefangenschaft. Da er ein weltweit bekannter Autor von lustigen Romanen war, hielt Propagandaminister Joseph Goebbels es für eine gute Idee, ihn im Rundfunk sprechen zu lassen. P. G. Wodehouse setzte sich also ins Aufnahmestudio und plauderte wie folgt ins Mikrophon: »Junge Leute, die ins Leben hinaustreten, fragen mich oft: ›Wie stellt man es an, interniert zu werden?‹ Nun, es gibt hier verschiedene Möglichkeiten. Meine Methode bestand darin, mir eine Villa in Nordfrankreich zuzulegen und abzuwarten, bis die deutsche Armee anrückte. Das ist wohl der einfachste Weg. Man kauft die Villa, die deutsche Armee erledigt dann den Rest.«

Nun hätten eigentlich zwei Gestapoleute den Schriftsteller unter den Achseln packen und vom Mikrophon weg ins nächste Konzentrationslager schleifen sollen. Aber man ließ ihn weitersprechen – und vielleicht ist das gar nicht so seltsam. Als aufrichtige, ehrliche Deutsche merkten Goebbels und Co. einfach nicht, wie ihnen geschah. Sie hatten keinen Schimmer, dass sie gerade zum Ziel einer ἀποκολοκύνθωσις wurden – einer »Vergurkung«, wie die alten Griechen so etwas nannten. Merkwürdig ist freilich, dass P. G. Wodehouse nach dem Krieg in Schwierigkeiten geriet; und zwar *bei den Briten*. Ihm wurde allen Ernstes vorgeworfen, er habe für die Nazis Propaganda gemacht. Das beweist, dass auch Engländer es in der Kunst des Nichtdenkens weit bringen können.

Um dieses Kapitel zu einem runden Abschluss zu führen, möchte ich nun einem Gerücht energisch widersprechen, das wahrscheinlich von meinen Konkurrenten gestreut wurde. Böse Zungen behaupten nämlich, dieses ganze Buch sei ironisch, und ich würde kein Wort von dem meinen, was ich hier schreibe. Das ist nicht wahr, und ich kann es beweisen! Mein Beweis hat sogar fast schon mathematische Schlüssigkeit. Wie ich oben festgestellt habe, sind Sieger niemals ironisch – Ironie ist das Kennzeichen der Besiegten. Nun gehört, wer mit dem Denken aufgehört hat, ganz eindeutig zu den Glückspilzen. Lassen Sie mich noch einmal aufzählen, mit welchem irdischen Lohn er rechnen darf:

Kraft
Reichtum
Innere Ruhe
Selbstvertrauen
Mut
Selbstachtung
Gesundheit
Sex

Anders und kürzer gesagt: Wer das Denken aufgibt, befindet sich nie und nimmer auf dem Rückzug. Im Gegenteil, er führt – metaphorisch gesprochen – einen rasanten Eroberungsfeldzug, bei dem ihm die Welt zu Füßen liegt. Wer das Nichtdenken praktiziert, gehört (wenigstens in Europa) zur stärksten der Partei'n und benötigt keine Ironie. Und deswegen habe ich dieses Buch, wie jetzt wohl jeder einsehen wird, reinen Herzens geschrieben. Q.E.D.

PRAKTISCHE ÜBUNGEN

I. Gehen Sie in ein Bierzelt auf dem Oktoberfest. Sie werden dort, neben unzähligen Australiern, Amerikanern und Japanern, auch genau die Sorte Humor antreffen, die Sie benötigen.

II. Lernen Sie mindestens drei erlaubte Witze auswendig. Erlaubt sind natürlich nur solche Witze, die Humor, aber keinen Geist haben. Beispiele: »Zwei Blinde sitzen auf einer Parkbank, plötzlich muss einer niesen: Tschiiii! Sagt der andere: Sei so nett und mach' mir auch ein Bier auf.« – »Die alte Dame fragt am Strand den kleinen Max: Werden hier viele Wracks angeschwemmt? Nein, Sie sind das erste.« – »Der Arzt zum Patienten: Tut mir Leid, aber ich kann bei Ihnen nichts finden. Es muss wohl am Alkohol liegen. Sagt der Patient: Dann komme ich wieder, wenn Sie nüchtern sind.«

III. Schauen Sie mindestens vier Stunden hintereinander Comedysendungen im Fernsehen an. Und vergessen Sie dabei nicht die Urszene des Humors aus dem Film »Mad Max«!

Der vierte Pfad:
Ich bin der Größte!

Es gibt ein Bild von Francisco Goya, auf dem ein Greis mit einem weißen Rauschebart zu sehen ist, der – rechts und links auf Gehstöcke gestützt – aus einem diffusen Dunkel nach vorne ins Licht tappt. Über den Greis hat Goya in Riesenlettern zwei spanische Worte geschrieben: *Aún aprendo* – »Ich lerne immer noch«. Zu der Zeit, als Goya dieses Bild malte, war er achtzig Jahre alt. Er hatte die nackte und die angezogene Maja auf die Leinwand gezaubert. Er hatte den gesamten spanischen Königshof in seiner lebensgroßen Hässlichkeit abgebildet. Er hatte mit eigenen Augen die *desastres de la guerra* gesehen, als Napoleons Truppen in Spanien einfielen. Er hatte sich am Blei seiner Farben vergiftet und war davon taub geworden. Und wie lautete sein Fazit aus all dem? *Aún aprendo.* Es erübrigt sich wohl zu betonen, dass diese Haltung eines Nichtdenkers unwürdig ist.

Lernen ist ohnehin verhängnisvoll. Am schädlichsten aber ist, wenn man aus seinen Fehlern lernt; wer dieser Versuchung nachgibt, fällt leicht in die alte Gewohnheit des Denkens zurück. Darum müssen Sie sich gegen Kritik abschirmen, so gut es nur geht. Umgeben Sie sich also mit Freunden, die in Wahrheit keine Freunde, sondern Gefolgsleute sind. Erziehen Sie die Angehörigen Ihrer Familie, bis Sie auf Händen von einem Irrtum zum nächsten getragen werden. Und vor allem: Hören Sie endlich auf, sich krampfhaft in Frage zu stellen. »Nur wer sich ändert, bleibt sich treu«, sang Wolf Biermann. Bleibt sich treu? Für Leute, die das Denken aufgeben wollen, ist diese Art von Dialektik vollkommen ungeeignet. Bitte vergessen Sie Biermanns neunmalklugen Vers sofort wieder! Erinnern Sie sich lieber an jene Fernsehreklame (ich glaube, für Margarine), in der eine hübsche junge Frau eine Straße entlangschlendert und vor sich hin trällert: »Ich will so bleiben, wie ich bin.« Und ein vielstimmiger Chor antwortet ihr vergnügt: »Du darfst!«

Lob des Starrsinns

Eine einfache und doch wirkungsvolle Methode, um gegen Kritik resistent zu werden, besteht darin, dass man seinen Überzeugungen durch dick und dünn die Stange hält. Eine gewisse Hartnäckigkeit ist dabei naturgemäß von Nutzen. Die Zeiten mögen wechseln, Weltreiche mögen auf dem harten Boden der Tatsachen aufschlagen und in ihre Einzelteile zerbrechen – Sie aber bleiben ungerührt bei den Meinungen, die Sie einst als Teenager gefasst haben. Seien Sie versichert, dass Sie Ihre Tage nicht als Kauz in der Waldeinsamkeit beschließen werden. Im Gegenteil: Sie werden im Zentrum der Bühne stehen, und ob Ihrer Standfestigkeit wird der Applaus über Ihnen zusammenschlagen. Schrieb nicht schon Friedrich Schiller, man solle vor den Träumen seiner Jugend Achtung tragen?

Vorbildliches hat in dieser Hinsicht der englische Historiker Eric Hobsbawm geleistet, der als Schüler in Berlin einer kommunistischen Jugendorganisation beitrat und bis zum bitteren Ende ein braver Parteikommunist blieb (im Grunde sogar noch darüber hinaus). Nichts konnte ihn in seiner Überzeugung erschüttern, kein Hitler-Stalin-Pakt, kein antisemitischer Schauprozess, kein blutig niedergewalzter Ungarnaufstand. Wenn Hobsbawm gefragt wurde, warum das so war, gab er herrlich absurde Antworten: »Ich wollte nicht mit der Tradition brechen, die mein Leben prägte, und mit den Gedanken, die ich damals entwickelte.« In seiner gefeierten Autobiografie heißt es schwarz auf weiß: »Der Traum der Oktoberrevolution ist immer noch irgendwo in meinem Inneren lebendig.« Allein schon die Existenz der Sowjetunion sei ein Beweis gewesen, »dass Sozialismus mehr war als nur ein Traum«. Die berühmte Geheimrede vor dem XX. Parteitag der KPdSU 1956, auf der Nikita Chruschtschow mit spitzen Fingern einen Zipfel von dem blutigen Tuch anhob, das den Gulag und die Erschießungsstätten zudeckte, erschien ihm als eine »bis zur Brutalität schonungslose Anprangerung der Untaten Stalins«. Vor den Folgen des Sieges der »freien Welt« – die Eric Hobsbawm in ironische Anführungszeichen setzt – kann er nur warnen: »Vielleicht wird die Welt es noch einmal bedauern, dass sie sich angesichts Rosa Luxemburgs Alternative ›Sozialismus oder Barbarei‹ gegen den Sozialismus entschieden hat.«

Bewunderungswürdiger Starrsinn! Hier schlüpft kein Wirklichkeitsrest mehr durch die Wahrnehmungsfilter, und sei er noch so mikroskopisch fein. Der Mythosgenerator wird nicht von Realitätspartikeln verschmutzt, er kann störungsfrei weiterarbeiten. Und das Ergebnis? Hobsbawm – mittlerweile ein barocker Jüngling von mehr als achtzig Lenzen – ist der bekannteste Historiker des Planeten. In Südamerika, vor allem in Brasilien, gilt er als Volksheld. In Indien wurde seine Autobiografie sofort zum Bestseller. So weit kann man es bringen, wenn man nicht dem Beispiel von Goyas humpelndem Alten folgt! (Der Gerechtigkeit halber muss leider angefügt werden, dass Hobsbawm nicht auf allen Gebieten ein dermaßen perfekter Nichtdenker ist. Dazu weiß er einfach zu viel. Wahrscheinlich ist seine kosmopolitische Herkunft daran schuld: Er wurde als Kind österreichischer Juden in Alexandria geboren, verbrachte seine Jugend in Berlin, floh dann vor den Nazis nach Großbritannien usw. Bei einem solchen Lebenslauf kann man es unglücklicherweise nicht verhindern, dass man mit Gedanken in Berührung kommt.)

Eine Weltmeisterin der fixen Idee war meine Tante Mizzi. Sie war einst zu der Überzeugung gelangt, dass Telefone Werkzeuge des Teufels seien, und dieser Marotte blieb sie noch auf ihrem Sterbebett treu. Dass man von ihrer Wohnung aus keine Telefongespräche führen durfte, war noch relativ leicht einzusehen. Tante Mizzi bestand aber darauf, dass auch überall dort, wo sie zu Gast war, das Telefon aus der Wand gestöpselt wurde – und sie pflegte oft unangemeldet hereinzuplatzen. Ein bekannter Schauspieler, in dessen Wohnküche sie einen Riesenberg Pfannkuchen verdrückte, verpasste ihretwegen ein Engagement in Hollywood; er war für Mister Spielberg einfach nicht zu sprechen. Sorry! Tante Mizzis Feldzug gegen das Unding an sich nahm sie völlig in Beschlag. Zeit für intellektuelle Tätigkeiten hatte sie daneben nicht mehr. Dann wurde das Händie erfunden; sie quittierte das erst mit einem

Schlaganfall und anschließend mit einem Herzinfarkt. Während sie auf der Intensivstation lag, versuchte ihr australischer Cousin, sie zu erreichen – er hatte sie seit Jahrzehnten nicht mehr gesehen, aber durch dunkle Kanäle von ihrem Zustand erfahren. Offenbar glaubte er, Tante Mizzi habe ihre Aversion gegen das Telefon in der Zwischenzeit überwunden. Nichts da: »Soll mir ein Telegramm schicken«, krächzte sie und verschied.

Nicht nur Marxisten und andere alte Tanten haben sich als Virtuosen der Unbelehrbarkeit erwiesen. Auch Anhänger von ökologischen Theorien haben es in dieser Disziplin weit gebracht. Hier ist vor allem der Club of Rome lobend hervorzuheben, ein Zusammenschluss von Koryphäen und Staatsmännern aus allen fünf Kontinenten. Diese illustre Organisation veröffentlichte in den siebziger Jahren einen Bericht, der umgehend Furore machte. In den Farben der Apokalypse wurde dort ein buntes Höllengemälde auf den noch feuchten Putz der Zukunft aufgetragen. Schon um das Jahr 2000, hieß es, würden die Rohstoffe knapp; die Erdkruste werde unter den Menschenmassen einbrechen; in Asien würden Hungersnöte die Elenden dahinraffen ... Nichts davon ist eingetroffen. Die Rohstoffpreise steigen nicht etwa, sie sinken kontinuierlich. Die so genannte Überbevölkerung hat sich als ökologischer Kinderschreck erwiesen. In Asien gibt es mittlerweile keine Hungersnot, sondern einen Wirtschaftsboom. Aber davon ließen die in den Weltuntergang verliebten Ideologen sich nicht abhalten, weiter bedrohlich mit dem Zeigefinger zu wackeln: Der Treibhauseffekt, mahnten sie – und das Ozonloch – und die genmanipulierte Nahrung – und noch einmal die Überbevölkerung! Die Gegenargumente verwandeln sich unterdessen in Kleingedrucktes, das keinen Menschen interessiert:

A. Die Rohstoffpreise sinken im langfristigen Mittel, weil ständig neue Ressourcen erschlossen werden. Außerdem erweisen sich heute Dinge als Ressourcen, von denen man sich das gestern nicht einmal träumen ließ. Auch die Phantasie von Jules Verne hätte nicht ausgereicht, um vorauszusehen, dass dieses stechend riechende Zeug, das man verwendete, um Handschuhe zu reinigen, einmal literweise in so etwas ähnliches wie Pferdekutschen gefüllt werden würde. **B.** Schon Thomas Malthus irrte, als er 1798 buchhalterisch ausrechnete, dass die Nahrungsreserven bald nicht mehr ausreichen würden, um die Menschheit zu ernähren. Er bedachte nicht, dass es mit neuen Methoden der Landwirtschaft gelingt, aus denselben Äckern immer höhere Erträge herauszuholen. Die grüne Revolution des zwanzigsten Jahrhunderts hat dafür gesorgt, dass so viele Nutzpflanzen angebaut werden konnten wie nie zuvor. In der Folge hat der Welthunger deutlich abgenommen. **C.** Mit Ausnahme von Nordkorea haben sich alle Länder Asiens vom Sozialismus verabschiedet – auch die Volksrepublik China und Vietnam. Sie haben Eigentumsverfassungen eingeführt und ihre Märkte geöffnet. Und sie haben aus der Bankenkrise von 1997 gelernt, also Reformen eingeleitet und der Vetternwirtschaft den Garaus gemacht. **D.** Die Gelehrten streiten weiterhin heftig, ob es den menschgemachten Treibhauseffekt überhaupt gibt. Bodenstationen messen eine Erwärmung, Satelliten im Weltall nicht. Klar ist aber, dass jene Szenarien, in denen kontinentale Überschwemmungen und das komplette Abschmelzen der Polkappen vorausgesagt wurden, nicht haltbar sind. Klar ist auch, dass in der Geschichte der Menschheit nicht Wärmeperioden, sondern Eiszeiten katastrophal waren. **E.** Das weltweite Verbot von Fluorchlorkohlenwasserstoffen hat funktioniert. Die so genannten Freone, die angeblich an der Ozon-Malaise schuld waren, sind durch andere Substanzen ersetzt worden. Nun stehen keine Forschungsmittel mehr zur Verfügung. Und so werden wir vermutlich nie wissen, ob das Ozonloch über der Antarktis nicht doch durch Sonnenflecken ausgelöst wird (und schon seit ewigen Zeiten existiert). **F.** Der Mensch betreibt Genmanipulation, seit er zum Ackerbauern wurde: durch Züchtung. Seit wir das Gen sequenzieren können, sind wir imstande, diese altehrwürdige Kulturtechnik bewusst zu betreiben – und können den Hammer also durch die Pinzette ersetzen. Eine genetisch veränderte Pflanze ist nicht unnatürlicher als jeder Blumenkohl. Oder jeder Schoßhund. **G.** Nirgendwo auf unserem Planeten ist das Problem, dass es zu viele Menschen gibt. Das Problem ist, dass es in weiten Regionen unseres Planeten zu wenig wirtschaftliche Freiheit gibt.

Das Ganze hat etwas von einem Tischtennismatch, bei dem es der Gegenseite gelingt, alle Einwände zu parieren. Man kann die Bälle anschneiden; man kann elegant seine Rückhand benutzen; man kann schmettern – es nützt nichts, jedes Argument kommt einzeln und unbeachtet über das Netz zurückgehüpft. Erst wenn man genauer hinschaut, begreift man, woran das liegt. Der grüne Gegenspieler hat keinen Pingpongschläger, sondern ein Backblech in der Hand. Einfach genial!

Der heimliche Held all jener, die sich von Fakten nicht aus dem Konzept bringen lassen, wird oft schamhaft im Halbdämmer versteckt; hier soll er einmal ins Licht treten und gebührend gewürdigt werden. Es handelt sich um »Le bourgeois gentilhomme«, den Bürger als Edelmann, den Molière in seiner gleichnamigen Komödie verewigt hat. Herr Jourdain, so heißt der gute Mann, will in die besseren Kreise der Gesellschaft aufsteigen. Damit ihm das gelingt, muss er, wie er glaubt, verschiedene Fertigkeiten erlernen; also engagiert er einen Musiklehrer, einen Tanzmeister und einen professionellen Fechtkünstler. Doch für das eine ist er zu unmusikalisch, für das andere zu dumm, und beim Fechten bezieht er nur Prügel. In seiner Verzweiflung heuert Jourdain einen Philosophen an. Der bringt ihm gleich in der ersten Unterrichtsstunde bei, dass es nur zwei Arten gibt, sich auszudrücken: Verse oder Prosa – und dass die Menschen im Alltag eigentlich immer von der zweiten Option Gebrauch machen. »Wie? Wenn ich sage: Nicole, bring mir meine Pantoffeln, und gib mir die Nachtmütze – das ist Prosa?« Jourdain ist restlos begeistert. »Meiner Treu, da rede ich schon mehr als vierzig Jahre Prosa und weiß es nicht! Ich bin Ihnen sehr verbunden, dass Sie mir das klar gemacht haben.«

Diese Sache – Prosa – will er sofort lernen. Die kann er nämlich schon.

Gewiss: Am besten wäre es, ganz auf das Lernen zu verzichten. Aber leider kann dieses hehre Ziel der Wirklichkeit immer nur als Leitstern voranleuchten. Der menschliche Denkapparat ist nun einmal so beschaffen, dass er unaufhörlich Neues in sich aufnehmen und produzieren will. Wer ernsthaft vorhat, mit dem Denken aufzuhören, wird sich davon nicht entmutigen lassen. Stattdessen wird er sich an Molières strebsamem Bürger Jourdain ein Beispiel nehmen. Also: Meiden Sie intellektuelle Überraschungen und lernen Sie immer nur das, was Sie schon können!

Die Entrümpelungsmethode

Eine brandneue psychologische Theorie behauptet, dass wir unser Leben besser in den Griff bekommen, wenn wir erst einmal unsere Umgebung ausmisten. Lauter überflüssige Dinge belasten uns, Schnickschnack, Gerümpel, Plunder. Manche Gegenstände, so hören wir, sind sogar schädlich, weil sie feindselige Schwingungen in unser Unterbewusstsein aussenden. Wir sollen also mit offenen Augen durch den Alltag laufen und in der Wohnung wie im Büro ständig fragen: Brauche ich das wirklich? Und wenn wir die selbst gestellte Frage nicht wie aus der Pistole geschossen mit »Ja« beantworten, dann sollten wir diese afrikanische Zaubermaske, diesen goldlackierten Cadillac, diesen Großen Brockhaus ruhig dem Hausmüll anvertrauen (aber vorher das Mülltrennen nicht vergessen). Wer seine äußere Welt aufräumt, bringt auch seine innere Welt in Ordnung – sofort fühlt man sich beschwingt, verjüngt und unbeschwert.

Zudem ist Wegwerfen billig. Und jedes Kind kann es! Mit einem gewissen Gefühl der Leere, das sich nach getaner Wegwerftat einstellt, sollte man sich gelassen abfinden. Erst in der Nähe des Existenzminimums wird das Leben richtig schön.

Ein ungemein praktisches Prinzip! Vor allem deshalb, weil es sich punktgenau auf das geistige Gerümpel übertragen lässt, das uns den Kopf verstopft. Bei jedem einzelnen Informationsfetzen, bei jedem klobigen Trumm Wissen, das zwischen Zweifel und Spinnweben in unserem Oberstübchen vor sich hin dämmert, sollten wir uns fragen: Brauche ich das? Und wenn nein – dann weg damit! Denken wir nicht mehr dran. Vergessen wir's einfach. Drücken wir die Löschtaste. Und wir müssen den Plunder nicht einmal sortieren oder die Altkleidersammlung anrufen!

Indes gibt es eine Methode, wie wir sogar diesen Aufwand vermeiden können; ich möchte sie »geistige Vorwärtsentrümpelung« nennen. Dabei geht es darum, den Schnickschnack gar nicht erst in unseren Kopf zu lassen. Faulheit hilft. All denen, die von der Natur nicht mit diesem Talent beschenkt wurden, rate ich zu folgendem Vorgehen: Erklären Sie jedes Gebiet, von dem Sie nichts wissen, erst einmal auf Verdacht für uninteressant. Und nun weiten Sie dieses Gebiet langsam aus, bis es endlich den gesamten Kreis des zeitgenössischen Wissens umschließt. Sehr beliebt ist es, dabei mit den Naturwissenschaften anzufangen. Überlegen Sie einmal, was für ein weites Feld an Wissenswertem Ihnen da schon nicht mehr gefährlich werden kann! Weg mit Physik, Biologie, Astronomie! Und nun markieren Sie einfach immer mehr Geisteswissenschaften mit einem großen roten I, das für »irrelevant« steht. Beginnen Sie mit der Mathematik – die formale Logik folgt ihr nach – nun treten Sie die ganze Philosophie in die

Tonne – ferner die Literaturwissenschaften, nach Sprachen geordnet – die Kunstgeschichte nicht vergessen … Musik … und bald schon interessieren Sie sich für gar nichts mehr. Glückwunsch! Bitte beachten Sie, dass dies die genaue Umkehrung des schon mehrfach beschriebenen Weges der Erkenntnis ist. Dort nahm sich die merkende Vernunft einen Gegenstand nach dem anderen vor, um immer raffinierter an ihm zuschanden zu werden (»Wir irren uns empor«). Hier stoßen wir einen Gegenstand nach dem anderen zurück, damit wir nicht verführt werden, uns näher mit ihm zu beschäftigen. Wir irren uns also überhaupt nie!

Wenn Sie ein junger Mensch sind, dürfte Ihnen die geistige Vorwärtsentrümpelung übrigens besonders leicht fallen. Tun Sie einfach mit dreißig schon so, als seien Sie ein alter Mann oder eine alte Frau. Schützen Sie in Gesprächen vor, Sie hätten sämtliche Bücher schon gelesen, sämtliche Liebschaften schon durchlitten, sämtliche Länder schon bereist – und nun seien Sie leider unendlich gelangweilt. »For I have known them all already, known them all«, seufzt ein Großstadtschnösel namens J. Alfred Prufrock in einem Gedicht von T. S. Eliot –

For I have known them all already, known them all,
Have known the evenings, mornings, afternoons,
I have measured out my life with coffee spoons …
And I have known the arms already, known them all –
Arms that are braceleted and white and bare
(But in the lamplight, downed with light brown hair!) …
I grow old … I grow old …
I shall wear the bottoms of my trousers rolled.

»Denn ich habe sie alle schon kennen gelernt, kenne sie alle schon – die Abende, die Morgen, die Nachmittage; ich habe mein Leben in Kaffeelöffeln ausgemessen. Und ich habe die Arme kennen gelernt, kenne sie alle schon: Arme mit Reifen und weiße, bloße; aber im Lampenlicht haben sie einen hellbraunen Flaum! Ich werde alt, ich werde alt; ich werde meine Hosenenden aufgerollt tragen.« – Kultivieren Sie eine Aura des Frühgreisentums! Sie wird sich für Gedanken als nahezu undurchdringlich erweisen.

»So ein bisschen Bildung ziert den ganzen Menschen«, schrieb der Spötter Heinrich Heine. Das mag ja sein; aber letztlich kommt es nicht auf den Zierrat an, sondern auf das innere Wesen. Und zu seiner Stärkung ist Halbbildung viel besser geeignet. Ich rate Ihnen: Schützen Sie Wissen vor, das Sie gar nicht haben. Protzen Sie, stolzieren Sie herum, rufen Sie »Kikeriki«! Auch so kann man sich gegen neue Erkenntnisse abschirmen. Ein verhängnisvolles Missverständnis wäre allerdings, wenn Sie glauben würden, Sie müssten als Hochstapler Karriere machen. Seien Sie gewarnt: Hochstapler ist ein herausfordernder, ein intellektueller Beruf. Wenn Sie den Film »Catch me if you can« von Steven Spielberg gesehen haben (mit Leonardo diCaprio in der Hauptrolle), dann wissen Sie, dass Scharlatane gar nicht umhin können, sich gewisse Fertigkeiten anzueignen. Der Held dieser Kinolegende ist ein Siebzehnjähriger, der sich erst als Pilot, später als Arzt ausgibt. Dazu muss er lernen, die richtige Uniform zu tragen, mit medizinischen Fachausdrücken um sich zu werfen, Schecks zu fälschen, Autorität auszustrahlen, sich clevere Ausreden zurecht zu legen, vor Agenten des FBI auszubüxen etc. Mit einem Wort, er muss denken. Und das ist ja nun gerade nicht Sinn der Übung. Nein, Sie müssen ehrlich von sich überzeugt sein – mit leerem Schädel und vollem Herzen. Im Gegensatz zu einem Scharlatan dürfen Sie sich nicht sonderlich für Ihre Mitmenschen interessieren; Sie dürfen nicht ihren Habitus studieren, ihre Körpersprache, ihre Eitelkeiten, um sie besser nachahmen zu können. Ihre Umgebung versinke in grauer, unterschiedsloser Mattigkeit. Gehen Sie den Weg des geringsten Widerstandes zu Ende! Sie müssen zu einem Hochstapler werden, der auf sich selbst hereingefallen ist.

Folgen der Bescheidenheit

Und jetzt gehen wir ins Kopftheater. Gegeben wird ein Klassiker: »Leben des Galilei« von Bertolt Brecht. Aber bevor sich der Vorhang hebt, hat mich die Rechtsabteilung des Verlags gebeten, einiges klarzustellen, damit hinterher keine Klagen kommen. Bitte sehr: Der historische Galilei hat mit dem Mann auf der Bühne, den Sie gleich sehen werden, nur den Namen gemein. Die Wahrheit ist nämlich verwirrend konkret. Der Beweis, den der echte Galilei für seine umstürzende Theorie anführte, war keiner: Der Gelehrte glaubte, Ebbe und Flut seien ein Resultat der Erdrotation. Die Ozeane, meinte er, würden überschwappen, da der Planet sich bewegt. Der amtierende Papst war aber nicht nur Mathematiker, sondern stammte auch von der Küste; er wusste also, dass die Gezeiten vom Mond abhängen. Die Geschichte vom tapferen Wissenschaftler, der sich schließlich einer vernunftfeindlichen Kirche beugen musste, ist ein Mythos in den schönen Farben Schwarz und Weiß, der erst in der Epoche der Aufklärung fabriziert wurde.

So. Wir können anfangen.

Erstes Bild: Wir sehen einen nicht mehr ganz jungen bärtigen Mann, prustend, über einen altmodischen Waschständer gebeugt, der sich den nackten Oberkörper wäscht. Der zehnjährige Sohn seiner Haushälterin kommt herein, bringt ihm ein Glas Milch. Der Bärtige verwickelt ihn sofort in ein Gespräch über Astronomie. Er schwärmt von der neuen Zeit, die angebrochen sei, einer Zeit, in der die alten Weltbilder stürzen und das Dasein eine Lust sei; währenddessen rubbelt ihm der Zehnjährige den Rücken trocken.

Jener Galilei, den Brecht uns da zeigt, ist ein geradezu monströs bescheidener Mann. »Ich bin sechsundvierzig Jahre alt und habe nichts geleistet, was mich befriedigt«, sagt er. Und: »Ich bin nicht so siebengescheit wie die Herren von der philosophischen Fakultät. Ich bin dumm. Ich verstehe rein gar nichts. Ich bin also gezwungen, die Löcher in meinem Wissen auszustopfen.« Der große Durchbruch gelingt dem Gelehrten, nachdem ein reicher Schnösel ihm von einer neuen Erfindung aus Holland berichtet hat: einem Rohr, in dem hintereinander eine konkave und eine konvexe Linse befestigt sind. Galilei stiehlt diese Idee und hält sein erstes Teleskop in der Hand. Ein Plagiat aber ist immer ein Akt der Bescheidenheit.

Zweites Bild: Wir sehen den bärtigen Mann von vorhin zusammen mit einem Mitarbeiter. Er richtet ein Fernrohr auf den Jupiter und rechnet aus, dass er Monde haben muss, die um ihn kreisen. Er ist sehr aufgeregt, sein Mitarbeiter ist entsetzt und verängstigt. Denn nun gelten die alten Gewissheiten plötzlich nichts mehr. Der Himmel ist abgeschafft! Darauf hält der Bärtige eine kleine pathetische Grundsatzrede: »Ja, ich glaube an die sanfte Gewalt der Vernunft über die Menschen. Sie können ihr auf die Dauer nicht widerstehen.«

Drittes Bild: Der bärtige Mann und seine Freunde, darunter ein Linsenschleifer und ein abtrünniger Mönch, trinken Rotwein. Gleichzeitig holen sie ein Teleskop aus der Abstellkammer und montieren es auf sein Gestell. Dahinter stellen sie einen Messingspiegel auf. Sie wollen die Sonnenflecken erforschen. »Meine Absicht ist nicht, zu beweisen, dass ich bisher Recht gehabt habe«, sagt der bärtige Mann, »sondern: herauszufinden, ob. Ich sage: Lasst alle Hoffnung fahren, ihr die ihr in die Beobachtung eintretet. Ja, wir werden alles, alles noch einmal in Frage stellen. Also werden wir an die Beobachtung der Sonne herangehen mit dem unerbittlichen Entschluss, den *Stillstand* der Erde nachzuweisen! Und erst wenn wir gescheitert sind, vollständig und hoffnungslos geschlagen und unsere Wunden leckend, in traurigster Verfassung, werden wir zu fragen anfangen, ob wir nicht doch Recht gehabt haben und die Erde sich dreht!«

Von wem stammen diese Sätze: von Galilei? Von Bertolt Brecht? Ganz sicher? Von demselben Schriftsteller, der 1936 die Moskauer Schauprozesse gutgeheißen hatte? Der keine Sekunde lang zweifelte, als Stalin seine alten Kumpane über die Klinge springen ließ? Vom unermüdlichen Propagandisten der gerechten Sache, der damals abfällig meinte: Wenn die Verurteilten unschuldig seien, verdienten sie gleich doppelt, erschossen zu werden? (Denn sie hätten doch gestanden, nicht wahr? Also seien ihre Geständnisse ja dann wohl gelogen gewesen?) Ja, war der Mann denn auf einmal von allen kommunistischen Geistern verlassen? Brecht lässt seinen Galilei sagen: »Es ist nicht das Ziel der Wissenschaft, der unendlichen Wahrheit eine Tür zu öffnen, sondern eine Grenze zu setzen dem unendlichen Irrtum.« Das ist eine Paraphrase von Karl Poppers Idee, dass es immer nur Widerlegungen, niemals Beweise geben kann. Erwischt, Genosse Brecht!

Nein, dies ist kein linientreues Stück. Das Denken wird hier schamlos als Genuss geschildert; es gilt nicht als stille, vergrübelte Angelegenheit, sondern als Tätigkeit, an der alle Sinne teilhaben können. Ohne Rücksicht auf die guten Sitten wird Aufbruchstimmung verbreitet. »Das Denken gehört zu den größten Vergnügungen der menschlichen Rasse«, teilt Galilei mit. Und sein junger Freund, der Sohn der Haushälterin, trägt fröhlich vor: »O früher Morgen des Beginnens! / O Hauch des Windes, der / Von neuen Küsten kommt!« – Es ist beruhigend, dass Regisseure heute meist darauf verzichten, Stücke aufzuführen; dass sie es naserümpfend unter ihrer Würde finden, Geschichten zu erzählen; dass sie solche altmodischen Dinge wie Logik und Spannung kurzerhand für überflüssig erklären; dass sie ihre Einfälle wichtiger nehmen als die Texte; dass sie um jeden Preis originell sein wollen; dass ihnen ihr Publikum von Herzen gleichgültig ist; dass sie ihr eigenes Handwerk verachten. Wäre es anders, müsste man ja befürchten, dass leibhaftige Zuschauer dieser *Orgie des Denkens* ausgesetzt würden. Womöglich sogar unschuldige Schulkinder!

Happy End

Am Ende seines Stücks predigt Brecht eine Moral, die ein wenig bieder ist. Er wünscht sich, kurz gesagt, dass die Naturwissenschaften auf das Wohl der Allgemeinheit verpflichtet werden; zu diesem Zweck sollen sie einen Ehrenkodex entwickeln, so etwas Ähnliches wie den hippokratischen Eid der

Ärzte. Es gehört aber zum Wesen der Wissenschaft, dass man nie vorhersagen kann, ob sich das, was da gerade in ihren Laboratorien vor sich hin köchelt, irgendwann als nützlich oder schädlich erweisen wird. Wie hätte etwa Einstein ahnen sollen, dass seine Formel »$E = mc^2$« einmal das Baugeheimnis der Atombombe sein würde? Ein hippokratischer Eid der Physiker oder Biochemiker wäre völlig belanglos. Er würde nichts helfen und könnte nichts verhindern.

Eine biedere Moral, wie gesagt – aber nur ihr ist zu verdanken, dass das Ganze mehr oder weniger gut ausgeht. Seine Moral verführt Brecht nämlich dazu, das Porträt eines verstockten, innerlich erstarrten Bösewichts zu zeichnen. Und dieses Porträt sollte uns – absolut gegen die Intention des Autors! – mit Respekt erfüllen.

Wir kommen zum letzten Bild: Der bärtige Mann ist alt geworden, seine Augen sind fast blind. Der Sohn seiner Haushälterin – nun ein Mann in den mittleren Jahren – kommt ihn in seiner Studierstube besuchen. Der Bärtige isst und doziert. Die Atmosphäre des Gesprächs ist nicht herzlich. »Wir hörten, dass die Kirche mit Ihnen zufrieden ist«, sagt der Besucher. »Ihre völlige Unterwerfung hat gewirkt.« Die Wissenschaftler Italiens seien verstummt, niemand wage mehr, neue Ergebnisse zu publizieren.

In der Zwischenzeit ist nämlich Folgendes passiert: Der Bärtige hat feierlich widerrufen. Nie wieder wird er öffentlich behaupten, die Sonne ruhe im Mittelpunkt des Planetensystems. Und noch etwas anderes ist geschehen: Alle Bescheidenheit ist von ihm abgefallen wie ein Lumpenkleid. Sogar wenn er sich anklagt, klingt das arrogant; er hat seine Entscheidung gefällt und bereut sie kein bisschen. »In meinen freien Stunden, deren ich viele habe, bin ich meinen Fall durchgegangen und habe darüber nachgedacht, wie die Welt der Wissenschaft, zu der ich mich selber nicht mehr zähle, ihn zu beurteilen haben wird.« Seinen Besucher behandelt der bärtige Mann mit eisiger Herablassung. Als er weitschweifig seine Lebensgeschichte analysiert (wobei er die Hände über dem Bauch faltet), bleibt er auffällig kühl. Kritik erreicht ihn nicht mehr, alle Zweifel haben sich von selbst erledigt.

Keine Frage: Das Theater führt uns hier ein würdiges Vorbild für jeden angehenden Nichtdenker vor. Niemals würde dieser Galilei etwas so Unpassendes sagen wie: »Ich lerne immer noch.« Seine schwere Prüfung liegt hinter ihm, seine Lebensbahn hat sich vollendet. Jetzt erst ist er wirklich der Größte.

PRAKTISCHE ÜBUNGEN

I. Reagieren Sie eine Woche lang auf jede Neuigkeit mit dem Satz: »Das habe ich schon immer gesagt.« Dabei ist es selbstverständlich egal, ob dies den Tatsachen entspricht. Allein das Aussprechen des Mantras genügt; es wird Ihr Selbstbewusstsein binnen kurzem stärken. Und Ihre Freunde werden Sie mit ganz neuen Augen sehen!

II. Schreiben Sie mit Lippenstift auf Ihren Badezimmerspiegel: »Dieser Mann / Diese Frau hat immer Recht.« Sie dürfen zum selben Zweck auch einen dicken Filzstift verwenden. Das hat den Vorteil, dass es nicht so leicht abgewaschen werden kann.

III. Kaufen Sie sich eine Tube Haargel. Auch, nein: gerade dann, wenn Sie ein glatzköpfiger Mann sind. Sie müssen das Gel ja nicht benützen, sondern nur kaufen. Dies ist eine symbolische Handlung, durch die Sie Ihren Entschluss ausdrücken, sich künftig mit kruden Selbstzweifeln zu verschonen.

Der fünfte Pfad:
Reden ist Gold!

WIDERSTEHEN SIE DER VERSUCHUNG
ZU SCHWEIGEN. REDEN SIE ÜBER ALLES MIT

Bei der dominanten Spezies unseres Planeten handelt es sich bekanntlich um aufrecht gehende Zweibeiner ohne Flügel und Federn, die abgeplattete Fußnägel haben. Ein Marsmensch, der sich anschickte, diese wunderlichen Kreaturen über längere Zeit zu beobachten, würde bald die Entdeckung machen, dass sie einen großen Teil ihres Lebens damit verbringen, ihre Kinnladen hastig auf und ab zu bewegen. Unzweifelhaft ist, dass die Zweibeiner damit Luftschwingungen hervorrufen. Es bleibt nur die Frage, warum sie das tun: Nahrungsaufnahme? Fortpflanzung? Aggression? Nach erschöpfenden Studien und gefährlichen Feldversuchen würde der Marsmensch vermutlich irgendwann auf die Antwort stoßen. Die Kinnbewegungen haben im Wesentlichen die Funktion, das Gehirn am Arbeiten zu hindern. Wer nämlich zuhört, statt zu reden, erfährt gelegentlich Neuigkeiten. Dabei können Gedanken entstehen, und das muss ja nicht unbedingt sein.

Es gibt extreme Beispiele dafür, wie man durch Dauerpalaver das Denken ersticken kann. Betrachten Sie etwa jene

Gruppe von fünf Leuten, von denen einer eine Anekdote hervorgekramt hat; nach einer ausführlichen Einleitung schweift er ab, weil ein Detail ihn an eine zweite Geschichte erinnert, die er zu erzählen verspricht, wenn er mit dieser hier fertig ist – nun kommt er auf sein Thema zurück, aber ihm ist der Name einer Person entfallen, er fasst sich an den Kopf, die Zuhörer stehen voller Spannung, die leeren Sektgläser in der Hand; endlich sagt der Anekdotenerzähler, das sei ja nicht so wichtig, und greift seinen Faden wieder auf, der ihn nach vielen Verwicklungen zu einer bestürzend erwartbaren Pointe führt. Oder nehmen Sie jenen Herrn dort, der ohne viel Zeremoniell seine Biografie ausbreitet und dabei nichts auslässt, keine Krankheit, die ihn niedergestreckt, keine Psychotherapie, die ihn wieder aufgerichtet hat, kein Unrecht, das ihm vor Gericht, bei der Krankenkasse, im Büro widerfahren ist. Er kann Zeugen anführen, dass er schon immer gewusst hat, was diesem oder jenem seiner Freunde zustoßen würde, aber es wollte ja keiner auf ihn hören. Die Dame gegenüber ist, wie sie lebhaft versichert, das merkwürdigste Geschöpf auf der Welt; sie hat so viele Laster, dass sie mit dem Zählen gar nicht mehr nachkommt, sie raucht zuviel, sie kokst, sie kann sich keine Telefonnummern merken, sie hat ein Vermögen beim Roulette verloren … Unser Marsmensch käme aus dem Staunen nicht mehr heraus. Ich erinnere aber auch an den bärtigen Diktator auf jener Karibikinsel, der in der Gluthitze telefonbuchlange Tiraden darüber vorliest, dass der Yankee-Imperialismus schon bald das Zeitliche segnen werde, während es dem Sozialismus im vergangenen Jahr wieder gelungen sei, die Produktion von roten Socken entscheidend zu steigern. Wenn er einmal nur einen halben Tag für seine Ansprache braucht, fangen die

Presseleute an zu tuscheln, ob dem großen Führer wohl etwas fehlt.

All dies ist nachahmenswert. Durch pausenloses, sturzbachartiges Reden erzeugen wir ein Vakuum im Kopf und reinigen uns innerlich von Gripsresten. Wir verstopfen unsere Ohren und verhindern auf diese Weise, dass jemand tröpfchenweise Einsichten wie Gift in sie hineinträufelt. Also: Öffnen Sie den Mund und legen Sie los. Befreien Sie sich von Gefühlen der Peinlichkeit. Sprechen Sie von der Leber weg. Die Frage ist nur: Worüber?

Stilistische Handreichung

Vielleicht ist das Was weniger wichtig als das Wie; auch hier ist, wie so oft im Leben, alles eine Frage des Stils. Bitte merken Sie sich also die folgenden Ausführungen gut. Sie sind zwar in erster Linie für die schriftliche Ausdrucksweise gedacht, aber sie werden bald auch auf Ihre mündlichen Leistungen abfärben.

Zunächst gilt es, dem Missverständnis entgegenzutreten, Sätze bestünden aus Wörtern. Das tun sie in der Regel nicht; häufig sind sie aus Textbausteinen gemacht, die möglichst ohne Mörtel aufeinander gesetzt werden sollten. Stilbildend haben hier die Pamphlete linksextremer Gruppen und die offenen Briefe der Terroristen von der RAF gewirkt – sie waren fast zur Gänze aus Versatzstücken gefertigt. Vorbildhaft können aber auch vom Staat finanzierte Studien zur Kulturpolitik sein. Das nachfolgende Zitat zeigt dies eindrucksvoll: »Für die kulturelle Funktionstüchtigkeit, also für die Öffentlichkeitstauglichkeit des öffentlichen Raumes, sind Zugänglichkeit,

Verfügbarkeit, Sicherheit und Vernetzung in der Regel wichtiger als die Qualität der Gestaltung. Kulturelle Merkmale des öffentlichen Raumes und dessen Nutzbarkeit für kulturelle Zwecke sind Fragen, zu denen die politischen, privaten und institutionellen Akteure des Kultursektors und die zuständigen Verwaltungen verstärkt kooperieren müssen. Sie beeinflussen die strukturellen Merkmale des öffentlichen Raumes und seine Öffentlichkeitstauglichkeit, und zwar überall dort, wo sie als Anlieger ihren Auftritt selber bestimmen.« Es geht noch weiter.

Bitte sagen Sie jetzt nicht, Sie hätten kein Wort verstanden! Ich glaube, das haben die Autoren dieser Textpassage selber nicht so recht, aber darauf kommt es gar nicht an. Es geht um folgende Lektion: Jene Leute, die ihre Sätze altmodisch und mühselig aus Wörtern bauen, müssen bei jedem einzeln prüfen, ob es sich einfügt. Sie müssen Optionen hin und her wenden, Unpassendes verwerfen, auf der Suche nach Material die Landschaft durchstreifen. Und dabei kommt es unwillkürlich zu Gedanken! Einen Text wie den oben zitierten dagegen kann man schreiben (oder sprechen), ohne ein einziges Mal innezuhalten und nachzudenken. Die rhetorischen Fertigbauteile sind ja praktischerweise längst da. Ein Stilmittel gibt es dabei, das Sie wirklich vermeiden sollten: die so genannte Metapher. Ein bildhafter Vergleich stellt das, worüber Sie gerade sprechen, klar konturiert hin, als sei es von einem Gedankenblitz erleuchtet; danach ist es schwer, wieder im Nebel des Ungefähren abzutauchen. Außerdem gestaltet sich die Suche nach dem Bild, das die Sache trifft, oft ziemlich schwierig. Nur Genies kommen dabei ohne verschärftes Gegrübel aus. Betrachten Sie daraufhin nun noch einmal das obige Exempel! Löblicherweise unternehmen die Autoren nicht einmal den müden Versuch, ihr Thema den Sinnen erfahrbar zu machen. In der ganzen Passage gibt es nicht ein Wort, das sich auf irgendetwas Sichtbares, Riechbares, Schmeckbares, Hörbares bezieht.

Noch etwas anderes könnte Ihnen an dem zitierten Text auffallen: Von neunundsiebzig Wörtern sind nur sechs Verben. (Davon sind drei Hilfs- und Modalverben, die keine konkreten Tätigkeiten beschreiben.) Die häufigste Wortart sind Substantive, die wuchtig wie Betonblöcke in der Landschaft stehen; viele davon wurden mithilfe der Nachsilben *-keit* und *-ung* aus Adjektiven gebildet, so dass die Sätze etwas Gedrängtes, Verstopftes bekommen. Der erste Satz etwa wäre so aufzulösen: »Damit ein öffentlicher Raum kulturell funktionstüchtig, also für die Öffentlichkeit tauglich wird, ist es in der Regel wichtiger, dass er zugänglich, verfügbar, sicher und vernetzt ist, als dass das, was dort gestaltet wurde, Qualität hat.« Das ist noch immer kein gutes oder auch nur genaues Deutsch, aber der Leser beginnt zu ahnen, was gemeint sein könnte. (Ungefähr: Wenn Kunstwerke in der Öffentlichkeit aufgestellt werden, ist nicht so wichtig, ob diese Kunstwerke gut sind, solange nur jedermann zu ihnen gelangen kann.) Bitte notieren Sie: Verben sind wie Sprengstoff. Sie bringen die massiven Substantivblöcke zum Einsturz, und mit einem Mal sehen wir, was sich hinter ihnen verbirgt – und ob sich überhaupt etwas hinter ihnen verbirgt. Gedankenarmut und Angeberei verlieren jedes unübersichtliche Gelände, in das sie sich zurückziehen könnten. Auf freiem Feld müssen sie sich dem Kampf stellen; und dabei haben sie keine faire Chance.

Ein paar weitere Ratschläge zu Ihrem Schreib- und Sprechstil seien Ihnen hier noch im Vorübergehen in die Hand gedrückt. *Erstens.* Sie sollten eine Vorliebe für die Formulierung

»nicht un-« entwickeln; wenn Sie mehrere dieser doppelten Negationen hintereinander aufreihen, wird bald kein Mensch mehr wissen, was Sie sagen wollten, Sie selber inklusive. (Bitte memorieren Sie den Satz: »Ein nicht unschwarzer Hund jagte eine nicht ungraue Katze über einen nicht ungrünen Rasen.«) *Zweitens.* Wenn Sie doch in Versuchung geraten, Metaphern zu verwenden, dann erfinden Sie wenigstens keine lebendigen, frischen, sondern holen sich halbtote Exemplare aus dem Heim für abgedroschene Redensarten. Sehr schöne Resultate kann man dabei erzielen, wenn man sie miteinander kreuzt. (Das klassische Beispiel stammt von dem Kommunistenführer Ernst Thälmann. Er sagte bei einer Rede im deutschen Reichstag: »Mit einem Bein stehen wir im Grab, und mit dem anderen nagen wir am Hungertuch.«) *Drittens.* Verheddern Sie sich kunstvoll in Passivkonstruktionen! Die aktive Verbform gebrauchen kann ja schließlich jeder. *Viertens.* Geben Sie stets langen Wörtern den Vorzug vor kurzen. Zum Glück gestattet Ihnen die deutsche Sprache, Substantive so lange zu verbinden, bis wahre Buchstabenungetüme herausgekommen sind (»Durchschnittsprofitrate«, »Lastenausgleichszahlungsschwierigkeiten«). *Fünftens.* Pflegen Sie intimen Umgang mit Wörtern, die keinen feststellbaren Sinn haben (»Vitalität«, »romantisch«, »Werte«, »Völkerrecht«). Streuen Sie unsinnige Neologismen wie »nichtsdestotrotz« und »zeitnah« über Ihre Rede. *Sechstens.* Beachten Sie all diese Stilregeln sklavisch und brechen Sie sie unter keinen Umständen. Schon bald wird sich Ihre Sprache aus einem Instrument, um Mitteilungen zu machen, in ein bedeutungsloses Hintergrundrauschen verwandelt haben.

Das Wörterbuch der Gemeinplätze

Nur ungern mache ich auf diesen Seiten Werbung für andere Autoren, aber an dieser Stelle ist es wohl unumgänglich. Besorgen Sie sich also bitte das »Wörterbuch der Gemeinplätze« des großen französischen Schriftstellers Gustave Flaubert. Man könnte es als Hand- und Arbeitsbuch zu diesem Abschnitt bezeichnen, weil es genau absteckt, in welchem Rahmen Sie sich als Nichtdenker bei Konversationen bewegen dürfen. In einem Brief beschrieb Flaubert, welches Ziel er sich beim Verfassen seines Wörterbuchs gesetzt hatte: Es sollte, sagte er, »die historische Glorifizierung all dessen sein, was allgemein als richtig gilt«. Er wollte »demonstrieren, dass die Mehrheiten immer Recht und die Minderheiten immer Unrecht haben«; zu diesem Zweck wollte er »die großen Männer allen Dummköpfen« und »die Märtyrer allen Henkern« opfern – »und das in einem aufs Äußerste, zu einem Feuerwerk gesteigerten Stil«. Das Projekt ist Flaubert bewundernswert geglückt.

Sein »Wörterbuch der Gemeinplätze« enthält zum einen Imperative, Befehle, die uns bei der politisch korrekten Stange halten sollen. Ein Beispiel dafür ist der Eintrag unter dem Stichwort »Machiavelli«, er lautet: »Man habe ihn nicht gelesen, halte ihn jedoch für einen Schurken.« Zum anderen führt Flaubert, ohne im Geringsten mit der Wimper zu zucken, wertvolle Volksdummheiten auf. »Italiener«, lesen wir da etwa: »Alles Musikanten, alles Verräter.« Oder auch: »Kreole. Lebt in einer Hängematte.« Dieser Autor hat ein fast perfektes Pokerface. Er grinst nie, weder höhnisch noch bitter, wenn er uns seine Fundsachen präsentiert: »Impresario. Künstlerwort, das ›Direktor‹ bedeutet. Immer ›wendig‹.« Und ferner:

»Mandoline. Unerlässlich zur Verführung von Spanierinnen.«
Drittens gibt es dann noch jene Stellen (es sind wenige), wo
wir nicht sicher sein können, ob wir Flauberts Mundwinkel
nicht doch einen Moment lang haben zucken sehen. Allein
schon der lapidare Eintrag unter »Denken« lohnt die Anschaffung dieses Wörterbuchs: »Lästig. Dinge, die einen dazu
bringen, gibt man in der Regel auf. – Also bin ich.«

Flauberts unvergleichliches Lexikon stammt aus dem neun-
zehnten Jahrhundert, und es hält die Redegewohnheiten einer
ganz bestimmten Schicht fest: der französischen Bourgeoisie.
Aber das Verfahren, das Flaubert entwickelt hat, lässt sich ohne weiteres fortsetzen und auf andere Gesellschaftsklassen an-
wenden. Wer das »Wörterbuch der Gemeinplätze« als Mag-
neten im Kopf trägt, dem fliegen die aktuellen Einträge mit
der Zeit wie von selbst zu. Voilà:

Amerikaner. Sind oberflächlich, arrogant und ungebildet.
Waffennarren. Die amerikanischen Frauen sind prüde.
Berlin. Dort steppt der Bär.
China. Immer als »Reich der Mitte« bezeichnen. Maos rote
Bibel.
Deutsche. Sind ewige Nazis. – Haben aus der Geschichte ge-
lernt. »Gerade wir als Deutsche.«
Dritte Welt. Wird von multinationalen Konzernen ausgebeu-
tet.
Franzen, Jonathan. Muss man gelesen haben.
Gewalt. Ist keine Lösung. »Gewalt hat noch nie etwas Gutes
bewirkt.«
Globalisierung. Vernichtet Arbeitsplätze.
Google. Unglaublich vertrauenswürdige Quelle, stets bei Re-
cherchen angeben.

Huntington, Samuel. Man habe ihn nicht gelesen, halte ihn jedoch für einen Rassisten.

Irak. Ganz schlimm, was da passiert.

Israelis. Unterdrücken die Palästinenser.

Kommunismus. Die Idee war gut, aber leider war die Ausführung schlecht.

Kultur. Das, was wir Europäer haben und die Amerikaner nicht.

Mallorca. Das Landesinnere soll ja sehr schön sein.

Medien. Sind manipuliert und verdummen die Bevölkerung.

Neoliberalismus. Man verurteile ihn.

Opfer. Sind immer unschuldig. »Die unschuldigen Opfer unter der Zivilbevölkerung.«

Ödipus. Vater des gleichnamigen Komplexes.

Palästinenser. Werden von den Israelis unterdrückt.

Presse, amerikanische. Wird von den Juden kontrolliert.

Sommer. Stets mit dem Zusatz »Jahrhundert-« verwenden. Die Temperaturen auf die Klimakatastrophe zurückführen.

Tiere. Sind die besseren Menschen.

Türken. Verkaufen Gemüse und haben breite Schnurrbärte. Moslems.

Das Prinzip, das Flauberts Wörterbuch zugrunde liegt, ist die unzweideutige Zuordnung. Dieses entspricht immer jenem, in der Formelsprache der philosophischen Logik: p = q, diesem Subjekt wird genau jenes Prädikat zugeordnet. Die Fülle des Daseins drängt danach, ins Wörterbuch aufgenommen zu werden, so dass wir am Ende nur noch nachzuschlagen brauchen: »Guerilla«? – »Schadet dem Feind mehr als die reguläre Armee.« Oder: »Fortsetzungsromane«? – »Ursache des Sittenverfalls.« – Aha. Das Ganze hat etwas von einem gigantischen

Gewächshaus, wo peinlich darauf geachtet wird, dass die verschiedenen Beete voneinander getrennt sind: *Hier* wachsen die Radieschen, *dort drüben* die Mohrrüben, *da hinten* die Tomaten: p = q, alles stimmt mit sich selbst überein. Verwechslungen sind unmöglich. Gewalt? Löst nichts. Ganz gleich, ob der Revolver in der Hand des Polizisten liegt oder in der des Bankräubers, der eine Geisel nimmt. Ein zweites Grundprinzip von Flauberts Wörterbuch ist, reinlich alles auszuscheiden, was nicht ins Schema passt. Kein irritierendes Faktum durchdringt das eiserne Raster, die Widersprüche müssen draußen bleiben. Opfer? Immer unschuldig. Die Serben waren Opfer im Ersten wie im Zweiten Weltkrieg, also konnten sie in den Jahren 1992 ff. (als sie einen Vernichtungskrieg gegen die bosnischen Moslems führten) auch wieder nur Opfer sein. Die Deutschen sind die ewigen Bösewichte der Weltgeschichte; also ist das, was sie machen, immer und von vornherein falsch. So steigt der einordnende Bienenfleiß von der Erde bis in den Himmel empor, klassifiziert alles, stellt alles auf seinen Platz und wirft zugleich das hinaus, was seine Schulweisheit sich nicht träumen lässt. Unter dem Stichwort »Frage« heißt es bei Flaubert unerbittlich und folgerichtig: »Sie stellen heißt sie beantworten.«

Der Sinn der Übung ist, verblüffungsfest zu werden. Gespräche sollen nur noch dazu dienen, das miteinander auszutauschen, was ohnehin jeder weiß. (Dass die Amerikaner kulturlos sind, »das weiß doch jeder«.) Wenn Sie doch einmal gezwungen sind, Ihre Ohren zu verwenden, erfahren Sie somit garantiert nichts Neues, und das Denken hat keine Chance, sein hässliches Haupt zu erheben.

Der Lyssenko in uns allen

Es ist sehr wichtig, dass Sie über alles mitreden, auch über Dinge, von denen Sie nichts verstehen. Einen historischen Fall gibt es, der Ihnen dabei als Vorbild dienen kann. Er ereignete sich in den vierziger Jahren in der Sowjetunion.

Damals stand dort ein Mann im Zenith seiner Karriere, der aus einer bäuerlichen Familie in der Ukraine stammte. 1925 hatte er seinen Doktor in Agrarbiologie an der Universität Kiew gemacht, 1936 erhielt er aus der Hand Stalins den Lenin-Orden; und er blieb der Protegé des Diktators bis zu dessen Tod. Sein Name war Trofim Denissowitsch Lyssenko, und sein Steckenpferd war die These von der Vererbung erworbener Eigenschaften. Er glaubte also, dass man Gemüse sozusagen erziehen könne. Die Annahme, dass es Gene gebe, verdammte er als falsch und unsozialistisch. Dies entsprach in wunderbarer Weise dem damaligen Geschichtsbild, nach dem es möglich war, durch eine blutige Erziehungsdiktatur den Neuen Menschen zu schaffen, in seinem sowjetischen Paradiesgärtlein, versteht sich. 1948 trug Lyssenko auf einer Tagung in Moskau vor: »Bei Pflanzen können gezielte Veränderungen durch Pfropfung im Prozess der vegetativen Hybridisation induziert werden. Es existiert kein prinzipieller Unterschied zur sexuellen Hybridisation.« Um diese These zu beweisen, ließ Lyssenko Weizen unter ungünstigen klimatischen Bedingungen anpflanzen. Im nächsten Jahr fand man Roggenpflanzen auf dem Feld. Lysseno feierte dies als wissenschaftlichen Sieg, er dekretierte: »Kulturpflanzenarten wie Weizen und Roggen lassen sich durch geeignete Umweltbedingungen ineinander umwandeln.« In Wahrheit hatten sich natürlich nur Roggensamen von benachbarten Feldern ausgesät, aber das traute sich niemand zu sagen.

Lyssenko unterhielt ausgezeichnete Beziehungen zum sowjetischen Geheimdienst. Er sorgte dafür, dass andere Biologen, vor allem Genetiker, vom NKWD verfolgt und in Zwangsarbeitslager verschleppt wurden; nachdem er 1938 zum Präsidenten der »Akademie für Landwirtschaftswissenschaften« avanciert war, konnte nichts mehr seine Macht brechen. 1943 wurde auf sein Betreiben Nikolai Iwanowitsch Wawilow ermordet, der ebenjene Akademie einst gegründet hatte. Lyssenko befahl, Riesenfelder mit Weizen zu bepflanzen, die dafür nicht im Mindesten geeignet waren. Es kam zu Missernten, die den Hunger in Russland (der ohnehin entsetzlich war) noch schlimmer machten. Außerdem warf seine Verdammung der Genetik die sowjetische Pflanzenzucht um Jahrzehnte zurück. Trotzdem bekannten sich auch so genannte kritische Marxisten wie Ernst Bloch und Robert Havemann jahrelang zu Lyssenkos Lehren.

Nennen wir das Kind bei seinem hässlichen Namen: Trofim Denissowitsch Lyssenko war ein Scharlatan. Unter ihm wurde die Wissenschaft nicht von Theorien, sondern von einer Ideologie geleitet; kontrollierte Experimente waren praktisch abgeschafft. Gerade deshalb ist sein Fall aber für uns interessant. Denn wir sollten überall strebend bemüht sein, uns die Debattenhoheit zu erobern. Kritikern sollten wir grob über den Mund fahren, bis sie verstummt sind. Gewiss, das Beispiel Lyssenkos lässt sich unter den Bedingungen einer liberalen Gesellschaft nicht ohne weiteres wiederholen. Keiner von uns verfügt über die Telefonnummer einer Geheimpolizei, bei der man Widersacher einfach denunzieren könnte. Aber wohnt nicht in jedem von uns ein kleiner Gernegroß, der (wie man so sagt) »sein Ding durchziehen« will? Verhelfen Sie ihm zu seinem Recht. Und lassen Sie sich dabei von Fehlschlägen nicht beeindrucken – koste es, was es wolle! Nehmen Sie die höhere Warte ein, seien Sie selbstherrlich, pflanzen Sie Weizen in der Antarktis! Wenn Sie sich das Denken abgewöhnen wollen, kann ich Ihnen nur raten, den Kontakt zu Ihrem inneren Lyssenko zu pflegen.

Lob der Verschwörungstheorien

Eigentlich wollte ich mir verkneifen, allzu konkrete Hinweise auf Gesprächsthemen zu geben, die für Nichtdenker geeignet sind. Als ich heute früh vom friedlichen Gebimmel der Kuhglocken erwachte, fielen mir aber all die Konspirationen ein, von denen ich in den letzten Jahren habe läuten hören. Und ich dachte mir: Es wäre doch schade, wenn ich Ihnen nicht das Vergnügen schildern würde, das die Beschäftigung mit Verschwörungstheorien bietet. Dabei ist es im Grunde gleichgültig, für welche Theorie Sie sich entscheiden. Misstrauen Sie, wem immer Sie wollen, es ist bestimmt auch für Ihren Geschmack etwas dabei.

Wenn Sie es gern *klassisch* mögen, empfehle ich Ihnen die Mitglieder der Bilderberg-Gruppe, die in schwarzen Limousinen durch die idyllische Landschaft Schottlands fahren; wenn Sie *linksradikal* eingestellt sind, sollten Sie die Trilaterale Kommission ins Auge fassen, die hinter hohen, mit Leder ausgeschlagenen Türen tagt; wenn Sie Wert auf *Tradition* legen, dann zittern Sie vor den Freimaurern, die in alten Bürgerhäusern ihre merkwürdigen Riten pflegen. Wenn Sie *Spionage* mögen, gibt es ausgezeichnete Schauergeschichten über den israelischen Geheimdienst, der von Jerusalem aus die Welt ins Chaos stürzt; wenn Sie jedoch *Science fiction* bevorzugen, dann studieren Sie Berichte über Männer mit schwarzen Sonnenbrillen, die nach jedem Absturz von Fliegenden Untertassen erscheinen. Und sollten Sie zu den *rechtsextremen Milizen* in Amerika gehören, so haben Sie vermutlich schon von den Hubschraubern der Vereinten Nationen gehört, mit denen Regimekritiker gekidnappt werden.

Der unerreichbare Vorzug einer Verschwörungstheorie ist, dass Sie Ihnen erlaubt, alles perfekt zu verstehen. Sie verrät Ihnen, dass alles Übel in der Welt von IHNEN kommt, wer immer SIE auch sein mögen. Wer nicht an weltumspannende Konspirationen glaubt, der denkt, dass in jedem Menschenantlitz das Gesicht eines Verbrechers schläft; dass der islamische Selbstmordmörder und der russische Mädchenvergewaltiger in Tschetschenien und der korrupte afrikanische Autokrat und der banale Schwiegermutterschlitzer von nebenan jeder auf seine ureigene Art böse sind. Der Verschwörungstheoretiker dagegen weiß, dass hinter all diesen Masken des Bösen dasselbe Prinzip lauert. Und zwar immer. So löst sich auf elegante Weise eine Frage, die Philosophen schon ziemlich lange beschäftigt: das Theodizeeproblem. In der Bibel steht ja, dass Gott allmächtig und gut ist; und nachdem er die Welt geschaffen hatte, da sah er, dass sie insgesamt sehr gut war. Tatsächlich aber leiden viele Menschen, die das nicht verdient haben. Oft genug wird der Böse nicht bestraft, sondern freut sich seines Lebens, während der Gerechte daneben hungrig im Dreck sitzt. Wie kann man das erklären? Die Antwort, wenn man nicht nachdenken will, lautet: Der Teufel ist schuld. Genauer gesagt sind jene schuld, die mit dem Teufel im Bund stehen – und das sind die Männer mit den schwarzen Sonnenbrillen.

Damit wird in Verschwörungstheorien jenes lästige Element der Wirklichkeit außer Kraft gesetzt, das Carl von Clausewitz »Friktion« nannte. Der preußische Militärtheoretiker meinte damit die Art von Reibung, die sich immer dann einstellt, wenn ein Kriegsplan mit dem Schlachtfeld in Berührung kommt: Tausend unberechenbare Zufälle verhindern, dass alles so funktioniert wie geschmiert. Ein Bataillon bleibt im Morast stecken; Nebel verhindert, dass eine Kanone an die strategisch richtige Position gelangt; Offizier Schulze hat sich vor Angst in die Hosen gemacht. Diese »Friktion« gibt es nicht nur im Krieg, sie macht den Menschen überall dort zu schaffen, wo sie Pläne schmieden und mit der Realität konfrontieren. »Leicht beieinander wohnen die Gedanken«, sagte Schiller, »doch hart im Raume stoßen sich die Sachen.« In Verschwörungstheorien aber klappt die Sache immer wie am Schnürchen. Eine Gruppe von Finsterlingen hat sich in den Kopf gesetzt, die Weltwirtschaft oder die Außenpolitik der USA zu manipulieren – und diesen Plan verwirklicht sie dann von Punkt A bis Punkt Z, ohne Fehler zu machen oder aufzufliegen. Mit anderen Worten: Die Kontingenz erscheint ausgeschaltet. Was für eine Erleichterung!

Ich habe oben erwähnt, dass sich für jeden Geschmack die passende Verschwörungstheorie findet. Damit habe ich selbstverständlich nicht gemeint, Sie müssten sich für eine einzige Theorie entscheiden. Sie dürfen ruhig glauben, dass die Bilderberger, die UNO, die CIA, die Trilaterale Kommission und der israelische Geheimdienst unter einer riesigen Decke stecken, dass alles vor zwanzigtausend Jahren mit einem Geheimbund in Babylonien begann und dass die Verschwörer mit bösen außerirdischen Mächten in Verbindung stehen, die verhindern wollen, dass wir Erdlinge das Perpetuum mobile erfinden. Vieles spricht sogar für eine solche kumulative Theorie, die Kraut, Rüben und die Familie Rothschild in denselben Konspirations-Topf wirft. Auf diese Weise entfernen Sie nämlich den letzten Rest von Widersprüchlichkeit aus Ihrem Weltbild. Am Ende bleiben nur noch zwei Gruppen übrig – hier die Verschwörer und dort ihre arglosen Opfer. »Denn man sieht nur, die im Licht sind / Die im Dunkeln sieht man nicht«, sang Brecht.

Wenn Sie mich jetzt fragen, aus welcher Quelle die Konspirationstheorien besonders reichlich sprudeln, dann antworte ich ohne Zögern: aus dem Internet. Dieses Medium ist wie für sie gemacht, zum einen deshalb, weil es ihnen strukturell ähnelt. Verschwörungstheorien behaupten, dass alles auf hintergründige Weise zusammenhängt – nun, im weltweiten Netz der Computer hängt wirklich alles auf hintergründige Weise zusammen. So erhalten Spekulationen über Konspirationen eine tiefe innere Glaubwürdigkeit. Zum anderen ist das Internet eine wild wuchernde Zeitung, die von den Leserbriefschreibern gemacht wird. Es fehlt die Zensur der Redaktion, die nur jene Zuschriften veröffentlicht, die ihr nicht allzu peinlich, abstoßend oder abstrus erscheinen. Jeder Erfinder einer neuen Theorie kann sich blitzschnell Gehör verschaffen. Es gibt sogar eine Website, mit deren Hilfe Sie sich Verschwörungstheorien nach Gusto auf den Leib schneidern lassen können! Man gibt bei »Turn Left« eine ethnische Minorität, einen abstrakten Begriff und ein bedeutsames historisches Ereignis und noch ein paar andere Daten ein. Dann erhält man zum Beispiel folgendes Ergebnis: »Um die *Relativitätstheorie* zu verstehen, müssen Sie begreifen, dass alles von *Autofahrern mit Hut* kontrolliert wird – mit Hilfe von *Lutheranern aus Norwegen.* Die Verschwörung begann, *als Marilyn Monroe im Oberammergau gezeugt wurde.* Sie ist für viele geschichtliche Ereignisse verantwortlich, einschließlich *der Mondlandung.*

Heute sind überall Angehörige der Verschwörung anzutreffen; man erkennt sie daran, dass sie *schnarchen*. Sie wollen *die Heilsarmee verprügeln* und ihre Gegner *auf dem Klo* internieren, wobei sie *einen fliegenden Teppich benutzen*. Um uns darauf vorzubereiten, müssen wir alle *Papiertaschentücher bereithalten*. Da die Medien von *der sozialdemokratischen Partei Norwegens* kontrolliert werden, sollten wir unsere Informationen ausschließlich von *Radio Eriwan* beziehen.«

Ein letzter Vorzug von Verschwörungstheorien, der hier bereits durchschimmert, ist, dass sie nicht widerlegbar sind. Jeder, der allzu heftig widerspricht, kann spielend überführt werden; er gehört selbst zu den Konspirateuren. (Beweisen Sie doch bitte, dass Sie nicht im Sold der sozialdemokratischen Partei Norwegens stehen!) Jedes alltägliche Detail, jede Meldung im Radio, jede Fernsehnachricht wird umgehend in die Verschwörungstheorie integriert. Sie gleicht einer formlosen Gallerte, die sich immer weiter aufbläht und unterwegs alle Dinge auffrisst, die mit ihr in Berührung kommen. Wenn Sie den Horrorfilm »Blob – Schrecken ohne Namen« gesehen haben, dann werden Sie wissen, was ich meine. Dabei verschafft die Konspirationstheorie ein Gefühl der Überlegenheit, ohne geistige Kosten zu verursachen. Denn derjenige, der an sie glaubt, weiß ja Bescheid; er steht darüber; er gehört nicht zu der blökenden manipulierten Herde, die unter seinen Füßen vorbeizieht.

Gleichwohl galten Verschwörungstheoretiker früher als Spinner. Nach dem 11. September 2001 hat sich das zum Glück entscheidend geändert. Den Anfang machte ein Franzose, der die Frage stellte, ob an jenem Dienstag wirklich ein Flugzeug im Pentagon eingeschlagen sei, ob es nicht doch eine Fernlenkrakete war. Seither haben die wüsten Vermutungen nicht aufgehört. Gab es überhaupt entführte Flugzeuge?, fragte ein deutscher Autor in einem Sachbuch. Handelte es sich nicht eher um ferngelenkte Drohnen? Ein anderer Rechercheur, der sich auf der Suche nach originellen Thesen fleißig durch das World Wide Web geklickt hatte, sekundierte in einem zweiten Sachbuch: Waren nicht irgendwie – mutmaßte er – Israelis an dem Anschlag beteiligt? So ging es munter weiter. Eine Spekulation übertraf die nächste, das Publikum war begeistert, und schließlich spitzte sich alles auf eine These zu: Die Amerikaner hätten das Massaker in Manhattan selbst inszeniert. Höchste Regierungskreise und Geheimdienste hätten ihre Hand im Spiel gehabt. Sie wollten einen Vorwand in die Hand bekommen, um gegen die arabische Welt loszuschlagen. Wenn Sie mit dem Denken aufhören wollen – das ist für diesen Abschnitt mein letzter Rat –, dann studieren Sie diese Theorien, und glauben Sie jedes Wort.

PRAKTISCHE ÜBUNGEN

I. Lernen Sie die oben aufgelisteten Gemeinplätze auswendig! Murmeln Sie die Gemeinplätze als Mantras vor sich hin. Bald wird sich Ihr Geist klären, die Gedanken werden Ihren Schädel verlassen, und tiefe Ruhe wird es sich in Ihrer Seele gemütlich machen.

II. Vertiefen Sie sich wenigstens in drei Verschwörungstheorien. Meditieren Sie zunächst über Ihre Lieblingstheorie; reichern Sie diese dann mit Elementen der anderen zwei Theorien an. Nie wieder werden Sie in die Denkfalle tappen und die Widersprüchlichkeit der Wirklichkeit wahrnehmen. Jetzt können Sie ja alles erklären.

Der sechste Pfad:
Allah ist groß!

WERDEN SIE RELIGIÖS.
AM BESTEN MOSLEM

Den folgenden Abschnitt schreibe ich mit zitternden Händen. Glauben Sie mir: Höchst ungern verletze ich die religiösen Gefühle von Millionen und Abermillionen Menschen
rund um den Erdball, indem ich ihnen ins Gesicht sage, dass
ihre Religion für Nichtdenker völlig ungeeignet ist. Und doch
ist es so! Und Fakten bleiben nun einmal Fakten, daran kann
ich beim besten Willen nichts ändern.

Der erste, zweite und dritte Blick

Dabei spricht der erste Augenschein sowohl für das Juden- wie
auch für das Christentum. Stecken wir unsere Nasen in die
einschlägigen Texte: »Ich bin der Herr, dein Gott, der dich aus
Ägyptenland geführt hat, aus dem Hause der Knechtschaft«,
gibt der Einzig-Eine unter Blitz und Donner am Berg Sinai
bekannt. Was wäre da noch zu diskutieren? »Höre, Israel, der
Herr, dein Gott, der Herr ist Einer. Und du sollst den Herrn,

deinen Gott, lieben – mit deiner ganzen Seele, und mit deinem ganzen Herzen, und mit deinem ganzen Vermögen; und es sollen diese Worte, die ich dir heute gebiete, auf deinem Herzen sein.« Was wäre da weiter nachzudenken? Gott hat sich seinem Volk offenbart und mit ihm einen Vertrag geschlossen, wie er zwischen einem König und seinen Vasallen üblich ist. Dabei hat Gott sich verpflichtet, sein Volk durch die blutigen Wirren der Menschheitsgeschichte zu begleiten; im Gegenzug haben die Juden versprochen, sein Gesetz zu halten. Es umfasst 613 Gebote und Verbote; manche davon sind der menschlichen Vernunft zugänglich, viele sind es nicht. Warum darf ich nur Fleisch von wiederkäuenden Tieren essen, die gespaltene Hufe haben? Warum darf ich meinen Nachbarn nicht umbringen, wenn mir seine Nase nicht gefällt? Warum soll ich am Sabbat im Tempel zwei fehlerlose einjährige Schafe darbringen? Warum darf ich keine Kinder töten, die ich nicht haben will? Keine Ahnung. Der Boss da oben hat es so befohlen, und damit basta.

Das Christentum hat sich an diese Überlieferung einfach angehängt. Nach christlichem Glauben war Jesus aus Nazareth der von den Juden sehnsüchtig erwartete Messias. Durch sein unschuldiges Blut wurde die Menschheit erlöst. Das bedeutet, dass nun auch Nichtjuden in Gottes Bund treten können. Sie müssen dazu keines der jüdischen Ritualgesetze befolgen; sie müssen sich nicht einmal beschneiden lassen. Sie müssen nur etwas völlig Absurdes glauben, nämlich dass der Zimmermannssohn aus Galiläa wirklich der Heiland war. Dass er an einem römischen Galgen den schimpflichsten Tod der Antike starb, ist nach christlicher Doktrin kein Gegenbeweis. Gerade in seiner Niederlage, so heißt es, habe Gott seinen endgültigen Triumph gefeiert.

Auch hier gibt es nichts zu diskutieren. »Ich bin der Weg, die Wahrheit und das Leben«, sagt Christus. Wieder kann die menschliche Vernunft nichts ausrichten. Aufschlussreich ist folgende Geschichte: Nachdem Jesus gekreuzigt worden und am dritten Tag auferstanden war, erschien er seinen Jüngern als Geist, aber Thomas war nie dabei. Jener Thomas möchte sich nun durch ein Experiment von der Wahrhaftigkeit der Erscheinungen überzeugen. Er will die Wunden in den Händen sehen, wo man Jesus an den Balken genagelt hat, und das blutige Loch in der Hüfte, wo ein römischer Soldat ihn mit seinem Speer stach. »Und nach acht Tagen«, steht im Neuen Testament, »waren seine Jünger abermals drinnen versammelt. Kommt Jesus, als die Türen verschlossen waren, und tritt mitten unter sie und spricht: Friede sei mit euch! Danach spricht er zu Thomas: Reiche deinen Finger her und sieh meine Hände, und reiche deine Hand her und lege sie in meine Seite, und sei nicht ungläubig, sondern gläubig! Thomas antwortete und sprach zu ihm: Mein Herr und mein Gott! Spricht Jesus zu ihm: Weil du mich gesehen hast, Thomas, darum glaubst du. Selig sind, die nicht sehen und doch glauben!« Wird hier das Zweifeln und Denken nicht geradezu verboten?

Auf den zweiten Blick scheinen Juden- und Christentum sogar wie für angehende Nichtdenker gemacht zu sein. Klappen Sie die alten Bücher zu und folgen Sie mir bitte nach Jerusalem, in eines jener Viertel, wo die Ultrafrommen wohnen. Schauen Sie sich die Leute auf der Straße an: die Frauen, die zwei Kinder an der Hand und eines im kugelrunden Bauch haben, die Männer mit den schwarzen Hüten und den wippenden Schläfenlocken. Alle hasten, keiner hat Zeit. Hier kommt im Eilschritt ein »Rebbe« die Straße heruntergebogen – das würdige Oberhaupt einer Sekte, die vor zweihundert

Jahren in Polen entstanden sein mag; hinter ihm laufen in einer dicken Traube seine Jünger. Gleich werden sie sich zur Mahlzeit niedersetzen. Und danach werden die Jünger miteinander um die Knochen streiten, die auf dem Teller des »Rebben« liegen geblieben sind. Sie glauben nämlich, dass sie mit dem restlichen Fleisch auch Fetzen seiner Weisheit in sich aufnehmen. Diesem Milieu kann man alles Mögliche nachsagen, aber ganz gewiss nicht, dass hier viel gedacht würde. In den Jeschiwot (den Talmudhochschulen) werden mit Eifer die heiligen Schriften studiert, doch am Schluss gilt nur die Interpretation, die der jeweilige Rabbiner vorgibt. Wenn man mit Talmudschülern spricht, weiß man oft nicht, worüber man mehr staunen soll: über ihre Einfalt oder ihre umfassende Ignoranz.

Dasselbe gilt auch für verschiedene christliche Milieus. Fundamentalistische Protestanten sind überzeugt, dass jeder Buchstabe akkurat so stimmt, wie er in der Bibel steht. (Dabei kennen sie oft ihre eigenen Texte schlecht, und dann auch noch in miserablen Übersetzungen.) In den Vereinigten Staaten predigen so genannte Kreationisten, dass der Herr die Welt mit allem Drum und Dran in sechs Tagen erschaffen habe; sie meinen, es habe nie Dinosaurier gegeben, nur weil Gott in der Eile vergaß, sie in seinem Schöpfungsbericht zu erwähnen. Aber nicht nur Protestanten sind groß darin, arm im Geiste zu sein. Auch mancher Katholik trottet wie ein Schaf zum Abendmahl. Er lauscht andächtig jedem Wort, das der Herr Pfarrer sagt, und sein geistiger Horizont reicht nicht weiter als bis zur nächsten Hauswand. All diese Gruppen haben einen gemeinsamen Wahlspruch, der lautet: »Gott hat uns den Verstand gegeben – wir sollten sparsam davon Gebrauch machen.«

Eine solche Haltung ist erfreulich. Am Ende des Tages genügt ihre geballte Kraft aber doch nicht, um das Ruder herumzureißen. Auf den dritten Blick wird nämlich offenbar, dass Juden- wie Christentum auf fatale Weise mit der menschlichen Intelligenz im Bund stehen. Jetzt fragen Sie natürlich: Wie ist das möglich? Wie kann das sein?

Warum das Judentum ungeeignet ist

Beginnen wir mit der hebräischen Bibel, die kein Buch ist, sondern eine Bibliothek. Sie versammelt eine Vielzahl von Schriften – philosophische Traktate, nüchterne Chroniken, Gedichtzyklen. (Unter uns: Auch ein erotischer Roman findet sich zwischen ihren Buchdeckeln.) Zusammengestellt wurde diese Anthologie, als die Juden im babylonischen Exil saßen, also ungefähr 500 vor Christus. Beim Schnüren des Textbündels ließen sich die jüdischen Redakteure nicht von den erlauchten Prinzipien der »Enzyklopedia Sowjetika« leiten; das heißt, sie nahmen nicht nur Brav-Linientreues in die Sammlung auf, sondern duldeten alle möglichen widerstreitenden Standpunkte. Sie ließen sogar zu, dass Zweifelsbücher in den Kanon der heiligen Schriften gelangten.

Zu ihnen gehört das Buch Hiob, das die tragische Lebensgeschichte eines gottesfürchtigen Mannes im Lande Uz erzählt. Alles fängt damit an, dass Satan vor Gott tritt und eine Wette mit ihm abschließt: Er behauptet, Hiob werde sofort vom Glauben abfallen, wenn er, Satan, ihn mit Schicksalsschlägen heimsuche. Gut, sagt Gott, wir werden sehen. Darauf sterben Hiobs Knechte und Herden. Seine Söhne und Töchter werden in einem Wirbelsturm erschlagen. Geschwüre entstellen den Körper des Dulders. Und als ob dieses ganze Unglück nicht genug wäre, gesellen sich noch drei falsche Freunde dazu. Sie belästigen Hiob mit frommen Phrasen und löchern ihn penetrant, ob er vielleicht etwas Böses getan habe, um sein Elend heraufzubeschwören. Hiob besteht mannhaft darauf, dass er unschuldig ist. »Wie lange werdet ihr meine Seele plagen und mich mit Worten zermalmen?«, fragt er. »Wollt ihr euch wirklich über mich erheben und mir meine Schande beweisen? So merkt doch endlich, dass Gott mir unrecht getan hat und mich mit seinem Jagdnetz umgeben hat. Siehe, ich schreie ›Gewalt!‹ und werde doch nicht gehört; ich rufe, aber kein Recht ist da. Er schürte seinen Zorn wider mich und behandelt mich wie seine Feinde.« Wir, die den Hintergrund kennen (Hiob ist Opfer einer albernen himmlischen Wette!), können nicht anders, als ihm von Herzen beizupflichten.

Zu guter Letzt erscheint Gott in einer Gewitterwolke. Er legt zwar keine Rechenschaft ab (so weit geht es dann doch nicht), aber er schlägt sich überraschend auf die Seite Hiobs. Zu den drei frömmelnden falschen Freunden spricht der Herr ein paar deutliche Takte, er donnert: »Mein Zorn ist entbrannt über euch, denn ihr habt nicht so aufrichtig zu mir geredet wie mein Knecht Hiob. Und nun opfert Brandopfer für euch, und mein Knecht Hiob soll für euch beten – denn ihn will ich erhören, dass ich euch keine Schande antue.« Offenbar hat dieser unberechenbare Gott nichts dagegen, wenn man scharf über ihn nachdenkt. Ja, er scheint es gut zu finden, wenn man mit ihm hadert – oder doch wenigstens handelt. Beinahe gehört es in der Bibel zum guten Ton, wenn man auf einen Hügel steigt, seine Faust gen Himmel schüttelt und dem Weltschöpfer ordentlich seine Meinung sagt.

Als Abraham, der Stammvater des jüdischen Volkes, erfährt, dass Gott die Städte Sodom und Gomorrha ihrer großen Sünden wegen vernichten will, da tritt er vor ihn hin und feilscht wie auf einem Basar: »Willst du denn den Gerechten mit dem Gottlosen umbringen?«, fragt er. »Es könnten vielleicht fünfzig Gerechte in der Stadt sein. Das sei fern von dir, dass du den Gerechten mit dem Gottlosen tötest! Sollte der Richter der Welt nicht gerecht richten?« Gott verspricht, Sodom um fünfzig Gerechter willen zu verschonen. Aber Abraham lässt keinen Augenblick lang locker. »Ich unterstehe mich, mit dem Herrn zu reden, obwohl ich nur Erde und Asche bin – es könnten vielleicht fünf weniger als fünfzig Gerechte in der Stadt sein.« Gott verspricht, die Stadt nicht zu verbrennen, wenn sich nur fünfundvierzig Gerechte dort finden. Abraham gibt immer noch nicht auf: »Man könnte vielleicht vierzig darin finden.« Vierzig Gerechte? Auch gut, sagt Gott. »Abraham sprach: Zürne nicht, Herr, dass ich noch mehr rede. Man könnte vielleicht dreißig darin finden.« Und so geht es immer weiter, bis die beiden bei zehn putativen Gerechten angelangt sind. »Gott aber sprach: Ich will die Stadt nicht verderben um der zehn willen.«

Der Herr will keine Würmer, die sich vor ihm im Staub winden. Er sucht Partner. Darum funktioniert das Judentum ungefähr wie der britische Parlamentarismus, wo Her Majesty's Opposition selbstverständlich Teil des Systems ist – der Zweifel gehört dazu, er macht den Glauben erst komplett. Die antiken Rabbiner haben daraus eine Tradition von bestürzendem Scharfsinn entwickelt. Hin und Her, Rede und Widerrede, der eine sagt so, der andere behauptet das Gegenteil. Kommentare über Kommentare, die ihrerseits kommentiert werden, dazu noch Randnotizen. Das Protokoll dieses Gesprächs, das über Generationen dauert, heißt Talmud und ist bis heute nicht abgeschlossen. Der Talmud basiert auf der Überzeugung, dass Gottes Wort – die Thora – ein sinnloses Buchstabengemurmel bleibt, solange es nicht interpretiert wird. Und wie könnte man die Thora anders interpretieren als nach Maßgabe der menschlichen Vernunft?

Dies macht die Geschichte vom Ofen von Achnai deutlich, die wohl endgültig zeigt, dass das Judentum keine Religion für Nichtdenker ist. Sie geht so: »Einmal entbrannte ein Streit zwischen Rabbi Elieser Ben Hyrkanos und den anderen Thoragelehrten, ob der Ofen von Achnai rituell unrein werden könne. Am Ende erklärte die Mehrheit der übrigen Rabbiner ihn der Unreinheit fähig – entgegen der Meinung des Rabbi Elieser. Er machte alle Einwendungen der Welt, aber man nahm sie nicht von ihm an. Darauf sprach Rabbi Elieser: ›Wenn ich Recht habe, soll dieser Johannisbrotbaum es beweisen.‹ Da zog der Baum seine Wurzeln aus dem Boden und rückte hundert Ellen weit weg. Die anderen Rabbiner aber erwiderten: ›Man bringt keine Beweise von einem Johannisbrotbaum‹ (das heißt durch ein Wunder). Darauf sprach Rabbi Elieser: ›Wenn ich Recht habe, soll dieser Flussarm es beweisen.‹ Der Flussarm trat zurück. Die anderen Rabbiner aber erwiderten: ›Man bringt keine Beweise von einem Flussarm.‹ Darauf sprach Rabbi Elieser: ›Wenn ich Recht habe, mögen es die Wände des Lehrhauses beweisen.‹ Die Wände des Lehrhauses neigten sich und drohten einzustürzen. Da schrie Rabbi Jehoschua sie an: ›Was geht es euch an, wenn die Gelehrten um die Thora streiten?‹ Die Wände stürzten hierauf nicht ein, der Ehre des Rabbi Jehoschua wegen, richteten sich aber auch nicht wieder auf, der Ehre des Rabbi Elieser wegen. Sie stehen heute noch geneigt da.

Hierauf sprach Rabbi Elieser: ›Wenn ich Recht habe, mögen sie es aus dem Himmel beweisen.‹ Da erscholl eine Stimme aus dem Himmel und sagte: ›Was habt ihr gegen Rabbi Elieser? Die Lehre richtet sich doch immer nach ihm!‹ Rabbi Jehoschua aber stand auf und widersprach: ›Es steht geschrieben: Die Thora ist nicht im Himmel.‹ Was bedeutet, sie ist nicht im Himmel? Rabbi Jeremias erklärte: ›Die Thora ist uns bereits vom Berge Sinai her verliehen worden – sie befindet sich also nicht mehr im Himmel. Wir achten auf keine himmlische Stimme mehr, denn bereits am Berg Sinai hast du, Gott, in der Thora geschrieben: Nach der Mehrheit ist zu entscheiden!‹ Am nächsten Tag traf Rabbi Nathan den Propheten Elias und fragte ihn, was der Allmächtige in dieser Stunde getan habe. Der Prophet erwiderte, Gott habe lächelnd gesagt: ›Meine Kinder haben mich besiegt, meine Kinder haben mich besiegt.‹«

Warum das Christentum ungeeignet ist

Die christliche Religion ruht, wie ich vorhin schon notiert habe, auf einer absurden Prämisse. Diese Prämisse ist, dass der Messias genau da zum Erlöser wurde, als er blutend, keuchend und hilflos am Kreuz hing; dass die Stunde des völligen Desasters die Stunde war, in der Gott seinen Sieg über die Sünden der Welt feierte. Wer etwas so offenkundig Absurdes glaubt, der muss seinen Kopf gehörig anstrengen, wenn er seine Doktrin rechtfertigen will. Er muss ganze Batterien von Argumenten aufbieten, schwere Mörser mit Syllogismen laden, an strategischen Positionen philosophische Munition lagern und mit Kanonen auf häretische Spatzen schießen. Tatsächlich haben christliche Theologen über die Jahrhunderte einen Scharfsinn bewiesen, der jenem der Rabbiner in nichts nachstand. Erinnern Sie sich nur an die berüchtigten Jesuiten; aber auch protestantische Dogmatiker wie Karl Barth waren zu erschreckender Rabulistik fähig.

Warnen möchte ich Sie an dieser Stelle jedoch vor einem Autor, der nicht zu den professionellen Theologen gehörte. Er hieß Gilbert Keith Chesterton und war vermutlich der klügste Mann seiner Epoche (1874 bis 1936). Jedenfalls war er der lustigste; Franz Kafka sagte einmal über ihn: »Er ist so lustig, dass man meinen könnte, er habe Gott erfunden.« Sein Buch »Orthodoxie« – von dessen Lektüre ich Ihnen hiermit schärfstens abrate – behandelt die Frage, wie man sich in der Welt zu Hause fühlen und doch das Staunen nicht verlernen kann. Wie kommen wir mit all der Schönheit und Schlechtigkeit um uns herum zurecht? Chestertons Antwort ist so irre und pfiffig, dass sie hier in voller Länge wiedergegeben sei.

»Das Christentum«, schreibt er, »ist die einzige Religion der Erde, die fühlte, dass Allmacht Gott unvollständig machte. Nur das Christentum fühlte, dass Gott, um ganz Gott zu sein, sowohl ein Rebell als auch ein König sein musste. Als einzige aller Glaubensrichtungen hat das Christentum den Tugenden des Schöpfers den Mut hinzugefügt. Denn der einzige Mut, der es wert ist, so genannt zu werden, muss notwendig bedeuten, dass die Seele eine Bruchstelle passiert – und nicht bricht. Und hier nähere ich mich einem Thema, das dunkler und schrecklicher ist, als dass es einfach zu erörtern wäre; und ich entschuldige mich im Voraus, wenn einer meiner Ausdrücke falsch oder respektlos scheinen sollte, da er eine Sache berührt, der zu nähern sich die größten Heiligen und Philosophen mit Recht fürchteten. Aber in der aufregenden Geschichte von der

Passion gibt es einen deutlichen gefühlsmäßigen Hinweis, dass der Schöpfer aller Dinge (auf irgendeine undenkbare Weise) nicht nur Agonie, sondern auch Zweifel durchlitt. Es steht geschrieben: ›Du sollst den Herrn, deinen Gott, nicht versuchen.‹ Nein; aber der Herr, dein Gott, kann sich selbst versuchen, und es scheint, dass genau dies im Garten Gethsemane passierte. Auf irgendeine übermenschliche Weise ging er durch unseren menschlichen Schrecken des Pessimismus. Als die Erde erbebte und die Sonne am Himmel ausgelöscht wurde, geschah dies nicht bei der Kreuzigung, sondern beim Schrei vom Kreuz – jenem Schrei, mit dem Gott gestand, dass er von Gott verlassen wurde. Und jetzt mögen die Revolutionäre eine Religion unter all den Religionen der Welt und einen Gott unter den Göttern aussuchen, wobei sie sorgfältig all die Götter ewiger Wiederkehr und unabänderlicher Macht gegeneinander abwägen mögen. Nein (die Angelegenheit wird für menschliche Sprache zu schwierig), lasst selbst die Atheisten einen Gott aussuchen. Sie werden nur ein göttliches Wesen finden, das je ihre Einsamkeit aussprach; nur eine Religion, in der Gott einen Moment lang Atheist zu sein schien.«

Sehen Sie es ein, geneigte Leserin? Verstehen Sie jetzt, dass eine Religion, die solche gedankliche Brillanz hervorruft – ja, zwangsläufig hervorrufen muss –, nichts für Leute sein kann, die das Denken bleiben lassen wollen? Ich rate Ihnen: Hüten Sie sich vor der Begegnung mit dem Gott Abrahams, Isaaks und Jakobs, der auch der Gott von Jesus und Gilbert Keith Chesterton war! Er wird Ihre Neuronen in Wallungen versetzen.

Was sind die Alternativen? Welchen Religionen können Sie sich noch zuwenden, nachdem Judentum und Christentum sich als so gründlich untauglich erwiesen haben? Das Erste, was mir hier einfällt, ist das weite Feld der New-Age-Religionen, die denselben Vorteil haben wie die im vorigen Abschnitt vorgestellten Verschwörungstheorien: Es ist bestimmt für jeden Geschmack etwas dabei. Wenn Sie das raue Leben der Naturvölker bevorzugen, können Sie Kurse in Schamanismus belegen oder sich in einer indianischen Schwitzhütte von ihren inneren Unreinheiten befreien. Sollten Sie Wert auf Verbindungen zum Kosmos legen, rate ich zu einem Lehrgang in Astrologie – schon bald werden Sie mit umflortem Blick davon reden, Uranus sei gerade in das siebte Haus der Andromache getreten. Oder Sie nehmen an einem Treffen von UFO-Gläubigen teil, bei dem authentische Fotos von Außerirdischen wie Reliquien herumgereicht werden. Für den Fall, dass Ihnen der Sinn nach Erleuchtung steht, seien Ihnen wärmstens Vorträge des Dalai Lama empfohlen. Der heilige Mann mit dem ansteckenden Lachen wird Ihnen Formulierungen dieser Güteklasse servieren: »Ich bin davon überzeugt, dass der eigentliche Sinn unseres Lebens im Streben nach Glück liegt. Das ist ganz klar! An welche Religion man auch glaubt, jeder hält Ausschau nach etwas Besserem im Leben. Also, denke ich, ist unser Leben auf das Glück hin ausgerichtet.« Es ist banal; es ist ein zäher Wortebrei ohne kausale Zusammenhänge; es ist wunderbar. Zen-buddhistische Meditationsseminare sollen auf das Gemüt übrigens dieselbe Wirkung haben.

Für welche Schule Sie sich schließlich entscheiden, ist im Grunde gleich. Nirgendwo wird man Sie mutwillig zum Denken anstiften. Am besten ist aber immer noch, wenn Sie sich einem Guru anvertrauen. Freilich: Die Tage des Erdenwaltens von Rajneesh Chandra Mohan, genannt Bhagwan, sind vorüber. Sein Beispiel aber lebt unsterblich weiter. »Die Wirklichkeit kann man nur erfahren«, lehrte dieser große indische Meister; das heißt, man kann sie nicht verstehen. Er definierte die Wirklichkeit – und das verdient spontanen Applaus! – als Zustand der Gedankenlosigkeit. Nur wer es schaffe, ein leeres Gefäß zu werden, sagte er, könne der Glückseligkeit teilhaftig werden. Da dieser Zustand nicht ohne weiteres zu erreichen sei, bot Bhagwan sich selbstlos als Helfer an. Dazu verlangte er völlige Unterordnung unter seinen Willen und eine strikte Kleiderordnung. Wer die siebziger Jahre des vorigen Jahrhunderts erlebt hat, wird sich noch an die dunkelroten Gewänder seiner »Sanjassins« erinnern – und an die so genannte Mala, eine Holzkette mit dem Bild des Meisters, die jeder seiner Anhänger selig um den Hals trug. Als es noch kein Aids gab, veranstaltete Rajneesh Chandra Mohan Orgien, bei denen seine Schülerinnen ihm manche schöne Stunde bereiteten. Legendär war auch die Sammlung von Rolls-Royce-Limousinen, mit denen Bhagwan königlich zu Audienzen rollte. Besucher empfing er ausschließlich, wenn sie in Socken waren, darum gab es eine bestimmte Stelle, an der man seine Schuhe ausziehen musste. Über ihr hing ein riesiges Schild: »Die Schuhe und der Intellekt«, stand dort, »sind am Tor abzugeben.«

Aus theologischer Sicht ist an den New-Age-Religionen nicht zu mäkeln; und doch haben sie alle einen Nachteil. Sie taugen nur für Minderheiten. Wie viele praktizierende Schamanen, Sterndeuter und Schwitzhüttensitzer mag es auf der Welt geben? Gewiss nicht mehr als eine Million (sogar wenn man die Einwohner von Kalifornien dazuzählt). Menschen, die auf den Pfaden der Esoterik zum Nichtdenken wandeln möchten, finden sich sehr bald in einer Nischenexistenz wieder. Und das ist auf Dauer unbefriedigend. Wer das berauschende Gefühl genießen will, dass er seinen Glauben mit 1200 Millionen Menschen teilt, muss sich nach einer anderen Heilslehre umsehen. Zum Glück gibt es sie schon; sie heißt Islam.

Die Freuden des Islam

Die islamische Religion übt auf Nichtdenker (und solche, die es werden wollen) eine unwiderstehliche Anziehungskraft aus. Das ist kein Wunder, denn sie vereint gleich zwei Vorzüge in sich: Sie ist einfach, und sie ist totalitär. Anders als Juden- und Christentum stützt sich der Islam nicht auf eine Anthologie von Texten, die im Lauf der Jahrtausende aufeinander gelegt wurden. Nein, er basiert auf einem einzigen Buch, das ein Mensch – der Kaufmann Mohammed aus Mekka – zwischen den Jahren 610 und 630 geschrieben hat. Dieses Buch habe ihm der Erzengel Gabriel in einer Höhle des Berges Hira von der ersten bis zur letzten Silbe eingeflüstert; so will es die Legende. (Das ist einfach.) Seither gilt dieser Akt der Offenbarung als göttliches Fundament. Der Koran ist ein irdischer Abdruck der »Mutter der Schrift«; exakt wie eine Photokopie hält er das himmlische Wort Gottes für alle Zeit fest. Widersprüche? Bunte Geschichten? Selbstkritik? Vergessen Sie's! (Das ist totalitär.)

Jeder Moslem kann Ihnen bestätigen, dass die Juden ihre Thora und die Christen ihr Neues Testament gefälscht haben.

Nur Mohammeds Buch enthält Gottes Wort so rein, wie es vor Anbruch der menschlichen Geschichte gewesen ist. In der Bibel wimmelt es von Sünden auch der Helden: von Untaten der Kinder Israel, von Verbrechen ihrer größten Könige. Die Evangelien erzählen, dass der Apostel Petrus seinen Messias dreimal verleugnete, ehe der Hahn gekräht hatte. All diese peinlichen Details wurden aus dem Koran herausgesäubert. Und noch etwas anderes hat der penible Zensor mit der Schere entfernt: Gott braucht plötzlich keine Partner mehr. Er ist nicht mehr darauf angewiesen, einen Bund mit den Menschen zu schließen, um sie zu werben, sie mit List auf seine Seite zu ziehen. Alles, was er von ihnen fordert, ist ihre Unterwerfung. Eben das ist es ja, was das Wort »Islam« bedeutet. Allah, schrieb darum der Religionsphilosoph Franz Rosenzweig, »Allah ist reich ohne alle Welt. Seine Macht erweist sich wie die Macht eines orientalischen Gewaltherrschers nicht in der Schaffung des Notwendigen, nicht in der Befugnis zum Erlass des Gesetzes, sondern in der Freiheit zur Willkürtat.« Entsprechend einfach ist auch die Weltsicht des Islam. Der Globus zerfällt ihm in zwei Hälften, das *dar al-Islam* (Haus des Islam), dessen Einheit es zu pflegen gilt, und das *dar al-harb* (Haus des Krieges), das bekämpft werden muss. Wie lange? Mohammed ist hier sehr deutlich: »Bis es keine Verführung mehr gibt und die Religion nur noch Allah gehört.« Mit dem *dar al-harb* dürfen dabei taktische Verträge geschlossen werden, Waffenstillstände auf Zeit. Das Ziel ist freilich immer der Triumph des Islam, nicht seine Demütigung durch die Ungläubigen.

Noch einen weiteren Vorteil hat diese Religion: Sie dürfen, wenn Sie einmal konvertiert sind, nie wieder austreten. Ein Moslem, der sich einem anderen Glauben anschließt, wird sofort mit dem Tode bestraft. In Saudi-Arabien sind schon Leute geköpft worden, nur weil die Polizei sie im Besitz einer christlichen Bibel angetroffen hat. Das heißt aber, dass weitere Entscheidungen Ihnen erspart bleiben – und so entfällt auch das mit ihnen verbundene lästige Nachdenken. Sind das nicht phantastische Aussichten?

Nun weisen viele Nahostexperten mit gerecktem Zeigefinder darauf hin, dass der Islam im Mittelalter eine so genannte Blütezeit erlebt habe. Eine Phase der Aufklärung sei das gewesen, eine regelrechte Explosion des Denkens. Damals wurden in islamischen Bibliotheken liebevoll die Schriften heidnischer Autoren gesammelt (vor allem von Plato und Aristoteles), und große Philosophen bemühten sich, ihr Erbe fruchtbar werden zu lassen. Der schon erwähnte Averroes ist das berühmteste Beispiel dafür. In der gesamten islamischen Welt wurden die exakten Wissenschaften gepflegt, Trigonometrie, Physik, Statik, und so entstanden Bauwerke, die in der jüdisch-christlichen Zivilisation nicht ihresgleichen haben. Der Felsendom in Jerusalem ist das prächtigste Beispiel dafür. All dies ist richtig. Nur vergessen die Nahostexperten leider anzufügen, dass die aufgeklärten Philosophen ohne Ausnahme – Averroes vorneweg – als unislamisch verdammt wurden, dass ihre Bücher auf Scheiterhaufen landeten und sie selbst froh sein konnten, wenn sie mit dem Leben davonkamen. Und die guten Leute vergessen zu erzählen, warum der Islam kurze drei Jahrhunderte lang anders war, als wir ihn heute kennen: Seine Herrscher hatten ihn damals für fremde kulturelle Einflüsse geöffnet. Den Felsendom in Jerusalem haben christliche Architekten gebaut, nach Vorgaben aus der Apokalypse-Schrift des Johannes. Die herrlichen Kacheln in seinem Inneren wurden von armenischen Handwerkern gefertigt.

Bis heute ist der Nahe Osten – der ja vom Islam dominiert wird – ein Bollwerk des Nichtdenkens geblieben. Das ist freilich nicht dem Koran allein, sondern auch dem Erdöl zu verdanken. In anderen Gegenden muss eine Regierung, wenn sie Steuern abschöpfen will, die Intelligenz und Kreativität der Bürger anzapfen. Auf der arabischen Halbinsel ist das gottlob unnötig. Dort bohrt man einfach ein Loch in den Boden, und schon schießt – Inschallah! – das schwarze Gold als Fontäne in die Höhe. Darum herrschen im gesamten Morgenland Regimes nach dem Vorbild von Mafiafamilien: Statt Steuern zu erheben, verteilen sie Geldbündel, um Loyalität zu erkaufen. Der Erfolg kann sich sehen lassen. Alle zweiundzwanzig arabischen Staaten zusammen erwirtschaften ein Bruttosozialprodukt, das nicht einmal an jenes von Spanien heranreicht. Es gibt kaum Redefreiheit und keine Debatten in gewählten Parlamenten. Weibliche Köpfe bleiben hübsch unter dem Schleier; in manchen arabischen Ländern dürfen Frauen nicht einmal Auto fahren. Verschwörungstheorien grassieren. Minderheiten wie die Kurden, Assyrer und Kopten werden in guten Zeiten kujoniert, in nicht so guten Zeiten auch mal massakriert. Und so hätte es friedlich immer weitergehen können, wenn der historische Donnerschlag vom 11. September die Amerikaner nicht aus ihrem Schlummer geweckt hätte. Danach ließen sie sich leider dazu verleiten, den Irak zu besetzen. Jetzt haben wir den Salat.

Viele Nahostexperten meinen, die Amerikaner hätten ihr militärisches Abenteuer dilettantisch vorbereitet (sie seien mit zu wenigen Soldaten einmarschiert, ohne einen Plan für die Nachkriegszeit parat zu haben usw.). Diese Kritik mag im Detail berechtigt sein, sie geht indes am Kern der Sache vorbei: Es war von vornherein ein Fehler, den Orient aus seinem traditionellen bewährten Stupor zu reißen. Man kann doch nicht einem ganzen Kulturraum den Revolver an die Schläfe setzen und ihn anherrschen: »Sei auf der Stelle intelligent!« Eine solche Vorgehensweise muss nicht nur abscheulich genannt werden – sie ist auch zum Scheitern verurteilt.

PRAKTISCHE ÜBUNGEN

I. Sagen Sie laut die »schahada«, das islamische Glaubensbekenntnis. In lateinischer Umschrift lautet es: »La illaha illa lah, muhammadun rasululah.« (Es gibt keinen Gott außer Allah, und Mohammed ist sein Prophet.) Seien Sie überzeugt von dem, was Sie da sagen, und grinsen Sie nicht!

II. Sagen Sie die »schahada« in Gegenwart von zwei moslemischen Zeugen. Glückwunsch! Sie wurden gerade in den Islam aufgenommen.

Der siebte Pfad:
Bücher sind Mist!

MEIDEN SIE GEDRUCKTES. DIES SOLLTE DAS LETZTE SEIN, WAS SIE IN IHREM LEBEN LESEN

Irgendwo auf diesen Seiten habe ich schon das feurige Finale von Umberto Ecos Kriminalroman »Der Name der Rose« erwähnt. Flammen schlagen aus der Bibliothek eines mittelalterlichen Klosters und fressen unersetzliche Manuskripte – unter ihnen die »Theorie der Komödie« des Aristoteles –, weil Fanatiker sie in Brand gesteckt haben. Ecos Romanschluss hat ein großes, ein antikes Vorbild: die Einäscherung der Bibliothek von Alexandria.

Diese Bibliothek, die unter Ptolemaios I. im dritten Jahrhundert vor Christus gegründet wurde, gehörte zu den Wundern der Alten Welt. Als imposanter Bau lag sie im Palastbezirk der ägyptischen Hafenstadt. Es gibt Gerüchte, dass jedes Schiff, das in Alexandria anlegte, als Erstes alle Schriftrollen, die es mitführte, den Bibliothekaren aushändigen musste. Schreibsklaven fertigten Kopien an, danach wurden die Kopien (nicht etwa die Originale) an die Schiffsbesatzungen zurückgegeben. Eine andere Anekdote besagt, dass die alexandrinischen Bibliothekare ein kleines Vermögen in Athen hinterlegten – fünfzehn Talente

Silber – und sich dafür Originalabschriften von allen griechischen Klassikern ausliehen. Danach ließen sie die Geldsumme verfallen und behielten die Schriftrollen einfach. Mag sein, das ist üble Nachrede; auf jeden Fall stimmt aber, dass man beim Büchereinsammeln auch vor Tricks nicht zurückschreckte. Wie viele Schriftrollen lagerten in Alexandria: 40.000? 490.000? 700.000? Kein Mensch weiß es. Sicher ist nur, dass die Bibliothekare den Ehrgeiz hatten, alles Geschriebene in ihrem Speicher zu horten, das es damals gab. Sie waren auf Papyri von obskuren Autoren ebenso erpicht wie auf Werke von Berühmtheiten, ließen eine Übersetzung der hebräischen Bibel erstellen und legten ihre Hände wohl auch auf die Schriften des persischen Religionsgründers Zarathustra. Eine ganze Heerschar von Schreibern war bei der Bibliothek angestellt; auch Fremdsprachenkundige fanden hier Lohn und Brot. Seit der Zeit des Oberbibliothekars Kallimachos von Kyrene (305 bis 240 vor Christus) gab es sogar etwas ganz Modernes – einen Katalog. Der Bestand wurde auf so genannten Pinakes verzeichnet. Dort standen in alphabetischer Reihe die Autoren, ihre Kurzbiographien und sämtliche vorhandenen Buchtitel, schön ordentlich samt Anfangsworten und Zeilenzahl. Die Buchrollen lagerten in Armaria (Regalen). Jede von ihnen hatte ein Etikett mit Verfasser und Titel, so dass man sie, um sie zu identifizieren, nicht herausnehmen und aufrollen musste.

Und dann brannte all dies in einer einzigen Nacht nieder. Es geschah 47 vor Christus, als Julius Caesar aus strategischen Gründen die ptolemäische Flotte abfackelte, die gerade friedlich im Hafen lag. Ein Funke sprang über, und schon war's um die Kostbarkeiten geschehen. Oder verhielt sich alles ganz anders? Im Jahre 640 wurde Alexandria von Emir Amrou Ibn al-

Assad eingenommen. Er traf – so wird berichtet – mit dem Leiter der Bibliothek zusammen, einem würdigen Philologen namens Johannes Philoponus. Danach sandte er ein Schreiben an seinen obersten Kriegsherrn Khalif Omar, in dem er bat, man möge dem alten Herrn die Arbeit mit den Büchern gestatten. Der nächste Befehl von Khalif Omar ließ an Deutlichkeit nicht zu wünschen übrig: »Was die von dir erwähnten Bücher angeht, hier ist meine Antwort«, schrieb er postwendend. »Falls ihr Inhalt dem Buch Allahs gemäß ist, können wir ohne sie auskommen, denn in diesem Fall ist das Buch Allahs mehr als ausreichend. Falls sie andererseits Angelegenheiten betreffen, die nicht mit dem Buch Allahs übereinstimmen, gibt es keinen Bedarf, sie zu erhalten. Also gehe hin und vernichte sie.« Die Bücher, so heißt es, wurden verwendet, um die Bäder der Stadt zu heizen. Es gab viertausend Bäder in Alexandria; und ein halbes Jahr lang waren sie saunawarm.

Zwei Berichte, die unsere Phantasie gefangen nehmen und nur einen kaum wahrnehmbaren Fehler haben – sie sind beide nicht wahr. Um mit Caesar anzufangen: Die Bibliothek war viel zu weit vom Hafen entfernt, als dass sie hätte Feuer fangen können. Wahr ist, dass zusammen mit den Schiffen der Ptolemäer ein paar Lagerhäuser abbrannten (darunter vielleicht auch eines mit Buchrollen); aber das war es schon. Keine der zeitgenössischen Quellen spricht von einem Brand der Bibliothek, dieses Gerücht kam erst in spätrömischer Zeit auf. Was nun die Moslems betrifft, so existierte das Gelehrtenweltwunder schon lange nicht mehr, als sie in Alexandria eintrafen. Die Schuld daran trugen keine papyrosfeindlichen Pyromanen, sondern der Schimmel und die Bücherwürmer – und die Abwanderung der besten Köpfe nach Byzanz. Nur in unseren Köpfen schlagen die Flammen aus Papier. Nur hinter

141

der Netzhaut krümmen sich die Schriften von Plato und Zarathustra glosend zu kohleschwarzen Häufchen zusammen; nur in uns werden Badeanstalten mit den Tragödien des Sophokles geheizt. Übrigens würden alle derzeit auf unserem Planeten vorhandenen Bücher nicht ausreichen, um sechs Monate lang Feuer zu machen.

Bleibt die Frage, warum der mythische Brand der Bibliothek von Alexandria unsere Phantasie so stark beschäftigt – und das nun schon seit zweitausend Jahren. Ist es der wirklichen Bibliotheksbrände wegen, deren Flackern unsere Geschichte in ein dunkles Licht taucht? Die Stichworte lauten: Pergamon; Antiochia; die Octaviana und Palatina in Rom. Kaiser Diokletian ließ in Konstantinopel die christlichen Bücher verbrennen; zweihundert Jahre später brannte durch Zufall die gesamte Bibliothek ab. In Monte Cassino zündelten im sechsten Jahrhundert die Lombarden, im neunten Jahrhundert die Sarazenen. Das »Komitee für Wiederaufbau« kümmerte sich nach der Französischen Revolution rührend um die Bibliothèque Nationale; die britische Armee rächte sich an der Library of Congress für die amerikanische Unabhängigkeitserklärung. Und die serbischen Faschisten schossen 1992 in Sarajevo mit ein paar gut gezielten Granaten die Bibliothek von Bosnien-Herzegowina in Brand. (Von den umliegenden Hügeln aus hatten sie freies Schussfeld, es hinderte sie ja niemand.) Ungefähr zwei Millionen Bücher und Manuskripte waren hinterher Asche zwischen rauchschwarzen Trümmerwänden.

Ist es das, was wir eigentlich meinen, wenn wir von Alexandria sprechen? Hat uns ein Urflammenmeer in der Antike die echten, historischen Vernichtungsorgien ersetzt, die danach kamen? Steht hier zur Abwechslung einmal nicht pars pro toto, sondern das Ganze für die Teile? Ich weiß es nicht.

Ich weiß nur: Vom Standpunkt des Nichtdenkens aus wäre es besser, der apokalyptische Brand hätte damals exakt so stattgefunden, wie die Legenden ihn schildern. Denn die Zerstörung des kulturellen Gedächtnisses ist der Königsweg zum Nichtdenken.

Nieder mit den Buchstaben

Dabei hätte es niemals so weit zu kommen brauchen. Wir hätten einfach nur in den Höhlen von Lascaux bleiben müssen, an deren Wände unsere Vorfahren Bilder von Bisons, Auerochsen, Bären, Mammutelefanten, von weiblichen und manchmal auch männlichen Geschlechtsteilen warfen. Gewiss wäre es weniger hektisch gewesen, im Paläolithikum zu verweilen; es gab hinterher kaum eine gesündere Epoche. Doch leider waren auch in Lascaux schon Zeichen der drohenden Dekadenz zu beobachten. Unsere Ahnen kritzelten zwischen die Bilder unbeholfene Punkte und rasterförmige Muster, die verdächtig nach Sinn aussehen. So begann der Absturz in die symbolische Welt. Wir begannen zu schreiben.

Die Geschichte der Schriftentwicklung ist die Geschichte eines fortschreitenden Niedergangs; der Verfall war tragisch, umfassend und vor allem irreversibel. Betrachten wir als Beispiel die Entstehung des Buchstabens »A«. Ursprünglich wurde ein Stierkopf mit seinen abstehenden Hörnern gezeichnet; dann wird dieser Stierkopf peu à peu immer weiter stilisiert. Schließlich wird er um neunzig Grad gekippt; so entsteht der hebräische Buchstabe »Aleph«. Später dreht sich das Ganze noch einmal um neunzig Grad – die Rundungen des Stierschädels sind mittlerweile völlig abgeflacht, die Stierhörner sind zu dem kleinen Querstrich in der Mitte des griechischen »Alpha« degeneriert. Danach hat sich der Buchstabe nicht weiter verändert. Heute erkennt kein Leser mehr den Bullen, der einst im »A« verborgen war. Es ist ein Verlust an Sinnlichkeit, an unmittelbarer Ausdruckskraft. Betrachten Sie einmal die hübschen bunten Bildchen, Hieroglyphen genannt, mit deren Hilfe die Ägypter sich schriftlich zu verständigen pflegten! Und nun legen Sie einen Computerausdruck daneben. Sehen Sie, wie arm wir geworden sind?

Die Höhlenmalereien von Lascaux haben vermutlich noch nichts bedeutet außer: »Schaut, hier sind Bären, Bisons und Auerochsen!« Somit bestand auch keine Gefahr, dass das Denken angeregt werden könnte. Später, bei der Bilderschrift, waren Signifikant und Signifikat, Bedeutendes und Bedeutetes, wenigstens noch miteinander verschmolzen. So blieben rechte und linke Gehirnhälfte, emotionale und rationale Intelligenz, in einem harmonischen Gleichgewicht. Doch dann trennten sich Signifikant und Signifikat mit einem unhörbaren Knall – und seit dieser Kernspaltung sind sie immer weiter auseinander gerückt. Heute haben sie rein gar nichts mehr miteinander zu tun! Dass ein »A« aussieht wie ein »A«, ist eine pure Konvention, eine willkürliche Übereinkunft; es könnte auch wie ein »Z« aussehen. Das heißt: Nur noch die Ratio wird angesprochen, das Denken galoppiert ungezügelt davon. Es ist ein Verlust der Mitte. Und durch die Jahrtausende ist die Welt immer abstrakter und kälter geworden. Die Wirklichkeit geht im Hyperrealismus unter. Sie wird vernichtet, weil das Reale in der Schrift flüchtet und sich dort in einer entfremdeten Form verselbständigt. Je mehr Bücher und je weniger Analphabeten es gibt, desto stärker verflüchtigt sich die Realität. Am Ende versinkt sie in einer Buchstabensuppe.

Eindrucksvoll zeigt dies eine wahre Begebenheit, die George Orwell kolportiert hat. Mitten im Blitzkrieg betrat ein Mann einen Buchladen in London und fragte, ob es nicht etwas Spannendes für ihn zu lesen gebe, am besten eine Detektivgeschichte mit vielen Morden. Dass rund um ihn her Hitlers V2-Raketen einschlugen, empfand der Mann nicht als aufregend genug – ein Roman musste es sein! Schon im Zweiten Weltkrieg siegte die virtuelle Realität mithin auf der ganzen Linie.

Heute existiert die Welt im Grunde nur noch für den, der liest. Der Verblendungszusammenhang ist universal geworden. Dafür gibt es einen schlüssigen Beweis. Alle Jahre wieder findet in Frankfurt am Main die internationale Buchmesse statt; und zu den unverrückbaren Ritualen dieses kulturellen Großereignisses gehört, dass an seinem Rand Warner und Mahner auftreten. Sie sagen immer dasselbe: Leider werde überhaupt nicht mehr gelesen, und das Buch habe keine Chance, sich in der Mediengesellschaft durchzusetzen. Und was ist das Resultat? Bei jeder Buchmesse gibt es immer noch mehr Verleger und noch mehr Autoren, und der Ausstoß von Büchern steigert sich bald ins Unfassbare. Wer die Hallen der Frankfurter Messe durchschlendert, der möchte hinterher ein Leben lang eigentlich nur noch fernsehen. Metaphern treffen es nicht: Ist es eine Flut? Eine Lawine, die sich brutal abwärts wälzt? Ein Bücherberg, der tückisch wächst? Ein Vulkan, der harte Lavabrocken mit festen Einbänden ausspuckt, während über seine Hänge eine träge Magma aus Paperbacks fließt?

Höhle von Lascaux, gnädige, dunkle, bilderreiche, nimm uns schützend wieder auf in deinen Schoß!

Indes – es ist noch nicht alles verloren. Die Nachrichtenticker melden, dass sich, während die Zahl der Analphabeten in der Dritten Welt betrüblich sinkt, in den reichen westlichen Ländern ein neues Phänomen breit macht – der funktionale Analphabetismus. Das bedeutet: Immer mehr Menschen können im Prinzip zwar lesen und schreiben, wissen mit dieser Fähigkeit aber nichts anzufangen. Sie sind nämlich außerstande, mit schwierigen Texten umzugehen, wobei als »schwierig« auch Artikel in der »Bild«-Zeitung gelten. Sie verstehen keine Radionachrichten mehr. Sie studieren die Beipackzettel von Medikamenten und sehen verwirrende Wortblöcke. Sie können keinen schriftlichen Widerspruch gegen einen amtlichen Bescheid einreichen. Diese Menschen sind selbstverständlich nicht dumm; nur erleben sie die Welt – die ja nicht übersichtlicher wird – als Labyrinth ohne Ausgang. Vom Standpunkt des Nichtdenkens ist erfreulich, dass nicht allzu eifrig gegen die Ausbreitung des funktionalen Analphabetismus gekämpft wird. Sprachwissenschaftler sehen schon voraus, dass die Gesellschaft sich in zwei Klassen teilen könnte: die »texterfahrenen« und die »texturerfahrenen« Bürger. Erstere werden am Informationspool teilhaben, und den Letzten beißen die Hunde. Die Zahl der funktionalen Analphabeten in Deutschland wird auf vier Millionen geschätzt. Allein in Berlin sollen es 164.000 sein.

Die Lesemüdigkeit greift im Verborgenen um sich. Aber sie hat auch eine sichtbare Seite: In der Öffentlichkeit tauchen immer mehr Schilder mit Zeichnungen auf, so genannte Piktogramme. Es ist müßig, darüber zu streiten, ob dies eine Folge oder eine Ursache des funktionalen Analphabetismus ist.

Soll jenen, die des Lesens unkundig sind, das Leben erleichtert – oder soll dem Rest der Bevölkerung das Buchstabieren abgewöhnt werden? Die Antwort ist natürlich: beides. In den Piktogrammen finden Signifikant und Signifikat, die so tragisch getrennt waren, endlich wieder zusammen und feiern eine Unio mystica. Schluss ist mit der willkürlichen Setzung von Symbolen! Wenn da ein Strichweibchen und ein Strichbaby auf einer Strichwickelkommode zu sehen sind, versteht jeder die Botschaft. Und bei dem Hund mit dem dampfenden Haufen, durch den ein roter Balken geht, dürfte die Sache genau so klar sein. So wird dem Buchstabenunwesen Einhalt geboten. Die Abstraktion der Sprache weicht entsetzt einer fröhlichen Buntheit. Mithilfe der Piktogramme erobern wir uns die Sinnlichkeit zurück. Nur die arroganten und schriftgläubigen Amerikaner scheren wieder einmal aus dem Konsens der Völker aus: Auf ihre Vorfahrtsschilder an der Kreuzung schreiben sie mit weißen Lettern »Y-I-E-L-D« – »Gebt nach«.

Des Lebens goldner Baum

Wer liest, hat offenbar nichts Besseres zu tun und sollte sich schuldig fühlen. Deswegen rate ich Ihnen: Schonen Sie Ihre Augen! Foltern Sie Ihre Pupillen nicht mit bedeutungshuberischen Winzigkeiten, die ihre Ameisenspur über das weiße Papier legen. Gehen Sie lieber wieder einmal im Wald spazieren! Eben dies bekommt im Nationaldrama der Deutschen ein wissensdurstiger Schüler zu hören, der in der Studierstube des Prof. Dr. Heinrich Faust aufkreuzt und erfahren will, welcher Studiengang zu ihm passt. Indes bekommt er es nicht mit dem Gelehrten, sondern mit dem Teufel zu tun, der sich aus

Jux als Faust verkleidet hat. Mephisto redet den Schüler schwindelig. Zuerst setzt er ihm haarklein auseinander, dass Logik öde und Metaphysik nutzlos sei; dann macht er ihm die Rechtswissenschaft madig. Theologie? Vergiss sie, sagt der Teufel (»Es liegt in ihr so viel verborgnes Gift«). Nur auf die Medizin lässt Mephisto nichts kommen – denn da müsse man eigentlich nichts lernen und könne straflos an Frauen herumtatschen. Endlich schickt er den Schüler mit dem Bescheid nach Hause: »Grau, teurer Freund, ist alle Theorie, / Doch grün des Lebens goldner Baum.«

Man wird mich nun verdächtigen, ich sei der *advocatus diaboli*. Doch unter uns: Genau das bin ich. Schließlich ist Mephisto »ein Teil von jener Kraft, / Die stets das Böse will und stets das Gute schafft«. Die Lektion, die der wissensdurstige Schüler in Goethes »Faust« empfängt, verdient Szenenapplaus! Denn es ist ja wahr: Bücher sind langweilig, und wer das unverstaubte, authentische Erlebnis will, der sollte sie zuklappen und nie wieder öffnen. Die Bibel erzählt, dass im Paradiesgarten zwei Bäume wuchsen. Der eine war der Baum des Lebens, den der Teufel erwähnt; der andere war der Baum der Erkenntnis. Für jeden angehenden Nichtdenker ist sonnenklar, was daraus folgt. Damit der Baum des Lebens blühe, muss erst die Axt an den Baum der Erkenntnis gelegt werden.

Bevor ich zu radikalen Schritten und Schnitten auffordere, will ich aber einem Einwand begegnen, der Ihnen, lieber Leser, bestimmt schon auf der Zunge liegt. Sie fragen mich: Kann denn nicht auch mithilfe von bedrucktem Papier ein Vakuum in den Köpfen geschaffen werden? Ja, sind viele Menschen nicht gerade mit dieser altmodischen Methode in der Vergangenheit zum Nichtdenken bekehrt worden? Gewiss. Doch leider hat die Papiermethode deutliche Nachteile.

Bücher verändern sich nicht, man kann in ihnen die Irrtümer von gestern nachschlagen. So zeugen sie manchmal gegen ihre Verfasser, ohne dass dies beabsichtigt gewesen wäre. Außerdem stehen Widersprüche, Fehler und Fälschungsspuren für alle sichtbar hässlich da. Bunte Bilder sind in diesem Punkt deutlich im Vorteil, denn sie haben keine Geschichte. An einem berühmten Beispiel sei erläutert, was damit gemeint ist.

Die Weisen von Zion

Zu den Büchern, die am meisten dazu beigetragen haben, das Denken zu zerstören, gehören ohne Zweifel die »Protokolle der Weisen von Zion«. Zuerst spielten sie im politischen Leben Russlands eine wichtige Rolle. Sie spornten die Schwarzen Hundertschaften an, über Juden herzufallen, sie auszurauben und zu töten; die Schwarzen Hundertschaften waren eine extrem nationalistische Partei, die sich nach der Revolution von 1905 formiert hatte, als der Zar dem Volk eingeschränkte Rechte zugestanden hatte. Später waren die »Protokolle« die Pogrombibel der so genannten Weißen im russischen Bürgerkrieg, der nach dem Putsch der Bolschewiki von 1917 entbrannt war. Die Weißen begnügten sich nämlich nicht damit, ihre kommunistischen Feinde zu bekämpfen – noch lieber brachten sie Juden um. Man schätzt, dass diesem Genozid ungefähr 100.000 Menschen zum Opfer fielen. Nach dem Sieg der Bolschewiki wurden die »Protokolle« in andere Sprachen übersetzt und wanderten gen Westen. 1920 brachte die angesehene »Times« in England einen Leitartikel, in dem sie sorgenvoll fragte, ob denn nun, nachdem im Ersten Weltkrieg der deutsche Imperialismus besiegt wurde, gleich die nächste

Gefahr drohe – die jüdische. Der Autokönig Henry Ford wurde durch die »Protokolle« angeregt, ein Buch mit Artikeln herauszugeben, in dem vor einer jüdischen Verschwörung gewarnt wurde. 1927 distanzierte er sich zwar öffentlich von seinem Werk, aber da war »The International Jew« längst ein Bestseller geworden.

In Deutschland fanden die »Protokolle« vor allem unter Angehörigen technischer Berufe große Aufmerksamkeit. 1922 inspirierten sie einen politischen Mord: Rechtsradikale erschossen in Berlin Außenminister Walter Rathenau, einen glühenden deutschen Patrioten jüdischer Herkunft. Die Attentäter waren überzeugt, dass er einer der »Weisen von Zion« sei. Zu einer glanzvollen Karriere brachten es die »Protokolle« dann in der Nazizeit. Ihr Einfluss ist in beinahe jedem Artikel des »Völkischen Beobachters« zu spüren. Es sei die Pflicht jedes Deutschen, so hieß es 1933 in einem Aufruf, die erschreckenden Pläne der Weisen von Zion zu studieren, sie mit dem Elend des deutschen Volkes zu vergleichen und die nötigen Schlüsse zu ziehen. Tatsächlich verkauften sich die »Protokolle« ausgezeichnet. Und anders als Hitlers »Mein Kampf«, das jedes Ehepaar als Hochzeitsgeschenk erhielt und dann im Schrank verstauben ließ, wurden die »Protokolle« auch wirklich gelesen. Bekanntlich verwandelten sich die Deutschen in den Jahren nach 1939 aus einem relativ gesitteten Volk in eine Bande von Mördern und Komplizen. Ganz normale Hamburger Polizisten schossen in Polen und Russland nackte Männer und Frauen in Gruben hinunter, die sie selbst zuvor hatten graben müssen. Ganz normale sächsische Friseure und schwäbische Medizinalräte und Kölner Lateinlehrer sorgten in schwarzen Totenkopf-Uniformen dafür, dass Kinder und jüdische Omas ins Gas mussten. Ganz normale österreichische Bauern erschlugen jeden einzelnen Häftling, der bei einem Massenausbruch aus dem Konzentrationslager Mauthausen entflohen war. Die Juden sind zwar nur ein Teil der Opfer des Nationalsozialismus (auf ihrem Eroberungsfeldzug gen Osten brachten die Deutschen weit mehr russische Zivilisten um). Aber sie waren doch jener Teil, dem eine Vernichtungswut galt, die noch im Rückblick erstaunen muss. Juden wurden als Agenten einer dämonischen Macht gesehen; solange auch nur einer von ihnen am Leben war, konnten die Nazis sich nicht sicher fühlen. »Siegt der Jude mit Hilfe seines marxistischen Glaubensbekenntnisses über die Völker dieser Welt«, schrieb Adolf Hitler, »dann wird seine Krone der Totentanz der Menschheit sein, dann wird dieser Planet wieder wie einst vor Jahrmillionen menschenleer durch den Äther ziehen.«

Heute sind die »Protokolle der Weisen von Zion« vor allem im Nahen Osten verbreitet. Sie haben auf Arabisch mehr Auflagen erlebt als in jeder anderen Sprache, das Deutsche eingeschlossen. Nur ein einziges Druckwerk hatte auf der arabischen Halbinsel mehr Erfolg – der Koran. Überhaupt müssen wir die Möglichkeit ins Auge fassen, dass die »Protokolle« zu den meistverkauften Büchern der Geschichte gehören; dass sie von den heiligen Schriften der Menschheit nur knapp geschlagen werden. Bestimmt haben mehr Leute jenes Dokument des Nichtdenkens gelesen als die Werke von Shakespeare und Homer.

Was steht denn nun in den »Protokollen der Weisen von Zion«? Es handelt sich um die angebliche Mitschrift eines Treffens jüdischer Verschwörer. Einer der »Weisen« plaudert aus dem machiavellistischen Nähkästchen: Es gehe darum, an die Macht zu kommen und zu diesem Zweck so viel Verwirrung wie möglich zu stiften. Dazu müssten die alten Autoritäten gestürzt werden – die Aristokratie, die Kirche, die Monarchie. Hier seien schon gewaltige Erfolge erzielt worden: »Als wir in die Staatsorganismen das Gift des Liberalismus einflößten, wurde ihr ganzes politisches Ansehen verändert. Die Staaten wurden von einer tödlichen Krankheit ergriffen, von Blutvergiftung. Wir brauchen nur noch das Ende ihres Todeskampfes abzuwarten.« Gewaltige wirtschaftliche Monopole müssten geschaffen werden, um die Arbeiter immer mehr auszuplündern, und gleichzeitig müsse man die Arbeiterschaft hinterrücks in Streiks und Aufstände treiben. Ferner gelte es, sinnlose Kriege anzuzetteln: »Um Machthungrige zu einem Missbrauche der Macht zu veranlassen, haben wir alle Kräfte in ganz Europa in Gegnerschaft zueinander gebracht, und mittels der Beziehungen mit Europa auch zu anderen Erdteilen müssen wir Gärungen, Zwiespälte und Feindseligkeiten schaffen.« In sämtlichen europäischen Großstädten, fährt der namenlose »Weise von Zion« fort, habe man Untergrundbahnen graben lassen, und dies nur zu dem Zweck, dass man in den Schächten Sprengstoff deponieren könne. Am Tag X werde alles in die Luft fliegen. Im Chaos werde den Juden danach die Weltherrschaft wie von selbst in den Schoß fallen. Und damit breche das messianische Zeitalter an: Ein Mann aus dem Geschlecht Davids werde auf dem Herrscherthron sitzen. Man werde viel von Freiheit reden, die Völker aber in Wahrheit mit eiserner Faust regieren. Die Spitzel der Macht würden in jedem Haus und auf jeder Straße sein. Die Presse werde einer strikten Zensur unterworfen. Aber all dies geschehe nur zum Besten der Menschen, die nun einmal zu dumm und zu eigensüchtig seien, als dass sie sich selbst regieren könnten.

Die »Protokolle der Weisen von Zion« sind eine Fälschung der zaristischen Geheimpolizei, der Ochrana. Aber sie sind nicht ganz aus der Luft gegriffen. Sie sind über weite Strecken ein Plagiat aus dem Buch »Dialog in der Hölle« von Maurice Joly. Dieses Werk hat nichts mit Geheimbünden und schon gar nichts mit Juden zu tun. Es handelt sich um ein fiktives Zwiegespräch zwischen Montesquieu und Machiavelli. Der eine vertritt die liberale These, dass eine Tyrannis nicht nur unmoralisch, sondern auch unzeitgemäß sei; der andere hält zynisch dagegen, dass die Völker zu ihrem Glück gezwungen werden müssten. Maurice Joly war ein französischer Journalist und ein tapferer Mann. Mit seinem Buch, das 1864 in Brüssel gedruckt wurde, wandte er sich gegen die Schreckensherrschaft von Napoleon III. – er war der »Machiavelli«, den Joly hier vorführen wollte. Das Hohe Gericht durchschaute seine Mimikry spielend. Am 25. Juli 1865 wurde Joly in Paris zu fünfzehn Monaten Gefängnis verurteilt, sein Buch verboten und beschlagnahmt. Später beging er Selbstmord – verzweifelt, weil er nichts bewirkt hatte.

Der Fälscher der Ochrana legte dem »Weisen von Zion« im Wesentlichen die Worte des Joly'schen Machtzynikers in den Mund. Dabei verkehrten sie sich in Prophezeiungen über eine totalitäre Zukunft unter jüdischer Herrschaft. Der Fälscher drehte aber auch die Argumente von Jolys Montesquieu herum. Sie wurden dabei zu jenen farbigen Passagen entstellt, in denen der Liberalismus als Mittel geschildert wird, um die Nichtjuden zu verwirren. Wenn Sie, liebe Leserin, Anhängerin der postmodernen Literaturtheorie sind, dann sollten Sie für einen Moment hier verweilen. Denn ist dies nicht ein prachtvolles Beispiel, dass Texte in ihrem tiefsten Grunde nichts bedeuten? Dass alles immer nur von der Interpretation abhängt? Ein Fälscher schneidet ein paar Passagen heraus, versieht sie mit irreführenden Überschriften, fügt einen anderen Rahmen um das Ganze – und Simsalabim: Schon verwandelt sich ein liberales Buch, das verfasst wurde, um einen Tyrannen zu ärgern, in eine Hetzschrift zugunsten des Zarismus. Und sie dient dazu, eine Minderheit zu verleumden, die mit all dem nicht das Geringste zu tun hat.

Wie kam die Ochrana auf die ja nicht allzu nahe liegende Idee, Jolys »Dialog in der Hölle« als Vorlage zu verwenden? Die Antwort dürfte ein Einbruch im Jahre 1897 liefern. Er führte einen Trupp von Geheimpolizisten durch zersplitterte Fensterscheiben in die Villa eines gewissen Elie de Cyon in der Schweiz. De Cyon war ein Exilrusse, ein zum Christentum bekehrter Jude und ein fanatischer Feind des damaligen Industrieministers Sergej Witte. Jener Witte nämlich versuchte, im Zarenreich eine Politik der Modernisierung durchzupeitschen, und hatte sich dadurch den Hass aller Konservativen auf den Hals gezogen. Auf dem Schreibtisch von de Cyon fanden die Spitzel der Geheimpolizei ein Manuskript nach dem Vorbild von Maurice Joly; nur war der Name »Machiavelli« konsequent gegen »Sergej Witte« ausgetauscht worden.

Der Leiter der Pariser Sektion der Ochrana war damals ein gewisser Pjotr Iwanowitsch Ratschkowksy, ein gemütlicher und gefährlicher Mann. Er verachtete Elie de Cyon – aber seine Abneigung gegen den russischen Industrieminister war womöglich noch größer. Und nun hatte der Zufall ihm einen Stein in die Hände gespielt, mit dem er beide Feinde gleichzeitig treffen konnte. Er ließ ein Dokument erstellen, welches schlüssig bewies, dass Sergej Witte – der große Modernisierer – eine Marionette in den Händen der Juden war; und nur Elie de Cyon wusste, wie sehr er dabei insgeheim gedemütigt wurde. Der Titel der Fälschung, »Les Protocoles des Sages de Sion«, ist eine deutliche Anspielung auf ihn. Das hatte er nun von seiner ganzen Klugheit! Die Fälscher gaben sich beim Abschreiben keine große Mühe, sie kopierten ganze Passagen verbatim bei Maurice Joly. Der Tatort war die Bibliotheque Nationale in Paris (ebenjene Bibliothek, die nach der Französischen Revolution abgefackelt worden war). Dort kann man sich noch heute ein Exemplar des »Dialogs in der Hölle« zeigen lassen, in dem mit Bleistift jene Stellen angestrichen sind, die dann beinahe unverändert in den »Protokollen« wieder auftauchen. An die Öffentlichkeit gelangte die Fälschung durch einen mystischen Schriftsteller, der wahrscheinlich mit Ratschkowsky in Kontakt stand. Er hieß Sergej Nilus, war in seiner Jugend Anarchist gewesen und hatte dann reumütig zum wahren, das heißt russisch-orthodoxen Glauben zurückgefunden. Dieser merkwürdige Heilige betrachtete Wissenschaft, Fortschritt und Demokratie als Zeichen für das baldige Kommen des Antichrist; nun fand er in den »Protokollen« sein Evangelium. 1911 publizierte Nilus sie in einem Traktat – und damit begann jener Siegeszug um den Globus, den ich schon skizziert habe.

Eigentlich wollte ich zeigen, dass Bücher kein besonders geeignetes Medium sind, um Menschen vom Denken abzuhalten; und für den Moment sieht es so aus, als hätte ich meiner Intention gründlich widersprochen. Aber glauben Sie mir, dieser Schein trügt. Gerade die Tatsache, dass ich die obige Geschichte erzählen kann, macht nämlich deutlich, wie begrenzt die Möglichkeiten von Büchern in dieser Hinsicht sind. Es ist eben doch nicht wahr, dass Texte potenziell immer alles bedeuten: Wenn sie entstellt wurden, tragen sie Spuren ihres früheren Sinns noch in sich. Zu deutlich sind die Fingerabdrücke, die Ratschkowsky und seine Fälscherbande hinterlassen haben. Zu offenkundig stechen die Parallelen mit der Kopiervorlage ins Auge. Vergleichen Sie das einmal mit den Vorzügen der bildlichen Methode! Hier gibt es kein Innehalten, Zurückblättern und Vergleichen, kein Stutzig-Werden, keine Zweifel. Bunt, gewaltig und geschichtslos rauschen die Szenen an uns vorbei. Welchen Siegeszug hätten die »Protokolle der Weisen von Zion« erst angetreten, wären sie nicht im Buchladen, sondern im Kino wirksam geworden!

Auf diesen Trichter scheint nun auch die ägyptische Regierung gekommen zu sein. Im Staatsfernsehen wurde über mehrere Wochen eine Serie ausgestrahlt, die auf den »Protokollen« basiert. Da der gesamte Nahe Osten arabisch spricht, muss die Ausstrahlung künftig nicht auf Ägypten beschränkt bleiben; auch Syrien und Saudi-Arabien könnten Interesse bekunden. Man stelle sich vor, welche Wirkung das auf diese Weltregion haben wird, die dem Denken ohnehin abhold ist! Jeder Fellache, jeder Arbeitslose, jeder analphabetische Schuhputzer zwischen Ramallah und dem Golf von Aden dürfte bald darüber aufgeklärt sein, wer an seinem Elend die Schuld trägt. Mit Glück und ein paar Untertiteln könnte die Fernsehserie es sogar bis nach Malaysia schaffen. Und keiner einzigen Kameraeinstellung wird noch Ratschkowskys Ranküne oder Maurice Jolys Unglück anzusehen sein. Bücher vermögen so etwas nicht.

Habet suum fatum libellus

Auf einen allerletzten Einwand muss ich nun freilich gefasst sein. Es ist der Einwand, dass ich das, was ich predige, nicht selbst praktiziere. Denn was, lieber Leser, halten Sie da gerade in der Hand? Was blättern Sie da gerade um? Worauf sind Ihre Augen geheftet, wenn nicht auf – Buchstaben? Hier möchte ich an einen Begriff aus der Geometrie erinnern: an die so genannte Hilfskonstruktion, die fein mit Bleistift gezeichnet und sofort wegradiert wird, wenn das Werk vollendet ist. Voilà: Das Buch, das vor Ihnen liegt, ist eine solche Hilfskonstruktion. Ich bediene mich dieses Mediums im vollen Bewusstsein seiner Unzulänglichkeit, weil mir zurzeit kein anderes zur Verfügung steht. Außerdem hat mir der Verlag einen hübschen Vorschuss bezahlt.

Sobald ich mit Ihrer Hilfe, geneigte Leserin, ordentlich berühmt geworden bin, werde ich meine Botschaft nur noch im Fernsehen verbreiten. Das verspreche ich Ihnen! Auch habe ich schon Videokassetten und DVDs mit Übungen für Nichtdenker vorbereitet. In dem Augenblick, da ihre Auslieferung beginnt, kann auf die papierene Hilfskonstruktion problemlos verzichtet werden.

PRAKTISCHE ÜBUNGEN

I. Verbrennen Sie dieses Buch. Aber bitte erst, nachdem Sie es zu Ende gelesen haben. Achten Sie beim Verbrennen außerdem darauf, dass Sie nicht aus Versehen Ihre Kleidung oder Ihr Haus mit anzünden. Ich hafte nicht für eventuelle Schäden!

II. Kaufen Sie beim Anflug des Gefühls, Sie könnten rückfällig werden – also wieder mit dem Denken anfangen – **ein weiteres Exemplar dieses Buches und verbrennen Sie dieses ebenfalls.**

III. Fortgeschrittene dürfen, anstatt ein neues Buch zu kaufen und zu verbrennen, den Kaufpreis des Buches als symbolische Handlung direkt an den Autor überweisen. Die Kontonummer erfragen Sie bitte beim Verlag.

Der achte Pfad:
Oans, zwoa, gsuffa!

BEWEISEN SIE MUT.
WERDEN SIE DROGENABHÄNGIG

Beinahe kommt es mir so vor, als müsste ich für den folgenden Abschnitt um Entschuldigung bitten. Denn nachdem Sie so lange bei mir ausgeharrt, nachdem Sie mit Engelsgeduld all meine Ausführungen studiert haben, verrate ich Ihnen jetzt – sozusagen kalt lächelnd –, dass es eine Abkürzung zum Nichtdenken gibt. Eine sowohl einfache als auch narrensichere Methode, mit der Sie jedem Gedanken den Garaus machen können. Warum (werden Sie empört ausrufen) habe ich das denn nicht gleich gesagt? Eine Frage stellen heißt sie beantworten, steht in Flauberts »Wörterbuch der Gemeinplätze«. Die richtige Replik lautet also: Darum nicht! Hätte ich gleich zu Anfang ausgeplaudert, was der kürzeste Weg zum Ende des Denkens ist, wäre dieses Buch zur Broschüre geschrumpft. Und abgesehen davon, dass ich dann nicht den erwähnten Vorschuss des Verlags hätte einstreichen können, wäre nur eine hauchdünne Schicht von Lesern angesprochen worden. Die Abkürzung, die ich Ihnen zu guter Letzt vorschlage, taugt nämlich nicht für jedermann. Sie setzt eine gewisse Charakterfestigkeit voraus. Man muss bereit sein, sich über bürgerliche Konventionen hinwegzusetzen, und mit unerschrockener Geradlinigkeit auf sein Ziel zusteuern. Weder Beruf noch Familie dürfen Ihnen dabei in die Quere kommen; weder wohlmeinende Ärzte noch Therapiegruppen dürfen Sie aufhalten; und auch Ihre Gesundheit sollte Ihnen nicht zu kostbar sein, um sie für dieses höchste Gut zu opfern.

Der achte Pfad zum Ende des Denkens ist, wie schon in der Überschrift angedeutet, die Drogensucht. Als kleiner Service werde ich Ihnen nun die Wirkungen der wichtigsten Pülverchen und Tränke schildern; anschließend wende ich mich der Frage zu, welches Mittel am besten geeignet ist, um Sie glücklich zu machen, und welcher Lohn Ihnen für Ihre Mühen mit knochiger Hand winkt.

Alkohol

Der enorme Vorteil von Alkohol ist, dass man ihn fast überall auf der Welt bekommen kann. In den westlichen Ländern ist er vollkommen legal (und sogar die fundamentalistischen Ölscheichs in Saudi-Arabien halten heimlich Whiskygelage ab). Ein weiterer Vorteil ist, dass der menschliche Organismus Alkohol aufsaugt wie ein Schwamm. Es gibt kaum eine Chemikalie – und gewiss keine andere Rauschdroge –, die der Körper in einer Konzentration von bis zu fünf Promille im Blut tolerieren würde.

Alkohol wirkt auf die höheren Funktionen des Nervensystems, die das Bewusstsein und die Emotionen steuern. So wird die Fähigkeit zur Selbstkritik geschwächt. Sie halten sich für den Schönsten, Größten und Klügsten, Ihre Hemmungen schwinden – und mit ihnen fließen die Gedanken dahin. Bei einem einzigen Vollrausch sterben Hunderttausende von den etwa fünfzehn Milliarden Gehirnzellen ab. Der Kopfschmerz, an dem man am Tag danach leidet, sollte treffender Hirnschmerz heißen; als angehendem Nichtdenker möge Ihnen das den nächsten Kater gehörig versüßen! Bei ständigem Alkoholmissbrauch werden Teile des Neuhirns geschädigt, die ekelhafte graue Masse in Ihrem Schädel löst sich zusehends auf. Sie haben gute Chancen, dass auf Dauer eine Alkoholpsychose zu Ihrem Begleiter wird. Beim Delirium tremens fühlen Sie sich von schrecklichen Stimmen verfolgt und sehen Ungeziefer in Ihrer Wohnung; beim Korsakow'schen Syndrom verlieren Sie Ihr Kurzzeitgedächtnis und erfinden alle möglichen Geschichten, um die Lücken zu füllen. Für das Denken bleibt bei alldem naturgemäß keine Zeit mehr.

»Der Suff gräbt Falten der Dummheit ins Gesicht, die der Berauschte für Zeichen seiner schönen Reife, seines Charmes und seines Denkvermögens hält«, notierte der Schriftsteller Joseph von Westphalen. Trefflich beobachtet! Leider haben Vereine von Gutmenschen trotzdem immer wieder versucht, ihren Mitbürgern den Spaß am Trinken zu verderben. Am berühmtesten war die »American Temperance Society«; dieser Gesellschaft wäre es in den Jahren von 1839 bis 1844 fast gelungen, eine Urheimat der Trunksucht trockenzulegen. In Irland fiel der Whiskyverbrauch damals von 56 auf unglaubliche 25 Millionen Liter. Die Zahl der Morde ging im gleichen Zeitraum um mehr als die Hälfte zurück, die Zahl der Raubmorde sank von 725 auf 257. Vom Standpunkt des Nichtdenkens aus gesehen ist das eine grässliche Statistik. Auch Organisationen wie die *Anonymen Alkoholiker* sollten Sie meiden. Halten Sie sich lieber an Ihrem Likörglas fest und schwören Sie glasigen Auges und beschwingten Geistes, dass Sie alles unter Kontrolle haben. Dann kann eigentlich nichts mehr schief gehen. Erinnern Sie sich dabei an Boris Jelzin, der oft dermaßen blau war, dass er es nicht mehr schaffte, aus seinem postsowjetischen Präsidentenflugzeug auszusteigen. Bei Staatsempfängen schleiften seine Leibwächter ihn untergehakt von Termin zu Termin, weil es ihm nicht gelang, einen Fuß vor den anderen zu setzen. Im Vollsuff bestimmte er endlich den kinnlosen Autokraten Wladimir Putin zu seinem Nachfolger. Nehmen Sie sich an diesem Prachtkerl, diesem russischen *maladjez* ein Beispiel!

Cannabis

Die Assyrer kannten einen gewissen süßlichen Weihrauch, den sie *qunubu* oder *qunabu* nannten. Herodot berichtet von den Skythen, einem wilden Reitervolk, die mit Samenkörnern des Hanfs unter Filzdecken krochen und sie dort auf glühende Steine legten: Die Hanfkörner »fangen an zu rauchen und zu dampfen, dass kein griechisches Dampfbad sie übertrifft. Die Skythen heulen vor Lust«. Man kann die Hanfpflanze im Wesentlichen auf zwei Arten benützen. Entweder man raucht die getrockneten Blüten der Pflanze (die als Gras bezeichnet werden), häufig mit Tabak vermischt; oder man verwendet das aus dem harzigen Blütenstaub gewonnene Haschisch. Man kann dieses Rauschgift auch essen (besonders beliebt sind Haschkekse) oder trinken (als Zusatz in Tee oder Kakao).

Doch Vorsicht: Cannabis ist eine Klasse für sich. Es gehört weder zu den Stimulanzien noch zu den Beruhigungsmitteln, weder zu den Halluzinogenen noch zu den Narkotika. Bei falscher Anwendung kann dieses Mittel also fatale Folgen haben. Sein Hauptwirkstoff sorgt dafür, dass der Serotoninspiegel im Gehirn steigt. Geringe Mengen erhöhen die Aufnahme- und Empfindungsfähigkeit. Man wird – so Walter Benjamin – zum »genießenden Prosawesen höchster Potenz«. Die Assoziationen schießen in geradezu satanischer Dichte auf den Drogenkonsumenten ein. Gewagteste Gedankenkombinationen quälen ihn. Zum Glück muss es dabei nicht bleiben: Auch beim Haschisch wirken große Mengen Wunder – vor allem, wenn man sie regelmäßig nimmt. Am besten mehrmals täglich. Greifen Sie also beherzt zu. Geben Sie sich die Kanne. Oder die Pfeife. Oder die Kekse. Und zwar ordentlich! Nur so kommen sie dem erwünschten Zustand »unaussprechlichen Wohlbehagens« nahe, dem berühmten »Frieden ohne Ende«, den Theophil Gautier besang, und können in aller Schwammigkeit genießen, was auch jener französische Dichter erlebte: »Endlich begriff ich die Freude, die Geistern und Engeln, entsprechend dem Grad ihrer Vollkommenheit, zuteil wird, wenn sie durch Äther und Himmel gleiten.«

Als Folge wird die Wahrnehmung der Umwelt gebremst. Augen und Ohren können sich nicht mehr genau orientieren, die Assoziationen fließen langsamer, auch der Sprachfluss wird zäh. Man versinkt in sich selbst. »Wo Es war, soll Ich werden«, hatte Sigmund Freud einst apodiktisch gefordert; der Begründer der Psychoanalyse wollte, dass der unbewusste Anteil der Seele von der forschenden Vernunft taghell ausgeleuchtet werde. Mithilfe von Cannabis verwirklicht man das Gegenteil. Wo Ich war, wird Es – das Bewusstsein geht unter in tiefer, traumdunkler Nacht. Die Auswirkungen auf die Seele sind darum radikaler und halten vor allem länger an als bei Alkohol.

Falsche Freunde dieser Droge glauben hartnäckig daran, man könne von ihr nicht süchtig werden. Das ist falsch. Man muss sich nur richtig anstrengen. Marihuana taugt nichts – man halte sich an Haschisch, in hohen Dosen und immer wieder. Manche Menschen in Indien und Nordafrika rauchen jeden Tag wacker zwei bis sechs Gramm! Laut medizinischen Feldstudien führt dies zu einer »toxischen Wesensveränderung«, deren Symptome Stumpfheit, Sprachstörungen und verschwommenes Denken sind. Exquisit! Sollten Sie übrigens an einer Psychose im Raupenstadium leiden, wird diese sich unter dem Einfluss von Cannabis entfalten wie ein Schmetterling. Da Sie dann mit interessanten Wahnvorstellungen beschäftigt sein werden, wird Ihnen für Gedanken nicht mehr viel Muße bleiben. Eine Betroffene berichtet: »Ich tauchte in eine Welt ein, die nichts mehr mit der Wirklichkeit zu tun hatte. Das ging ganz langsam – so, als ginge eine Tür in eine andere Dimension auf. Ich konnte keinem Gespräch mehr folgen und mich nicht mehr mitteilen. Irgendwann bin ich splitternackt durch die Gegend gelaufen und habe mit dem Teufel und dem lieben Gott gekämpft.«

Charles Baudelaire warnte indes davor, die Wirkung des Cannabis zu überschätzen. Man finde im Rauschgift nichts als die eigene Natur, wiewohl gesteigert: »Der Mensch wird der Bestimmung seines physischen und moralischen Temperaments nicht entwischen«, schrieb der Dichter. »Das Haschisch wird für die Eindrücke und die vertraulichen Gedanken des Menschen ein Vergrößerungsspiegel sein – aber ein klarer Spiegel.« Moment mal. Haben Sie eben richtig gehört? Hat Baudelaire da gerade laut und deutlich das Schauderwort »Gedanken« fallen lassen? Sie sind mit Recht verstört, können sich aber nun bei einem deutschen Exempel wieder beruhigen, das zeigt, wie weit man es mit Cannabiskonsum bringen kann. Mathias Bröckers, ein Kulturjournalist, veröffentlichte früher religiös dicke Wälzer über die Segenskräfte des Hanfs und pries die hohen Sphären, in die man durch das Einatmen des süßen Rauchs schwebt. Offenbar hat er sein Evangelium nicht nur gepredigt, sondern auch gelebt. Das Ergebnis war eines jener antiamerikanischen Verschwörungsbücher, von denen beiläufig bereits die Rede war. Bröckers teilt darin mit, was er durch neblige Schwaden im Internet gesehen hat – nämlich, dass der Mossad und die CIA hinter den Anschlägen vom 11. September steckten. Das Buch wurde umgehend zum Bestseller. Hätte Bröckers nachgedacht statt zu kiffen, wäre ihm das nie gelungen.

Ecstasy

Die Droge Ecstasy, in Tablettenform bei jedem guten Dealer in Ihrer Nähe erhältlich, ist eine Errungenschaft des zwanzigsten Jahrhunderts. Sie wurde in den neunziger Jahren populär: Jugendliche verwendeten sie bei Technopartys wie ein Aufputschmittel. Ecstasy half, zu monoton wummernden Klängen aus dem Lautsprecher die Nächte durchzumachen.

Wie Cannabis wirkt Ecstasy auf das Serotonin, den Botenstoff im Gehirn. Das Serotonin verweilt länger als üblich an den Schaltstellen zwischen den einzelnen Neuronen; gleichzeitig wird verhindert, dass sich mehr davon bildet. Das Resultat wird von Benutzern als »ozeanisches Gefühl« beschrieben. Man ist plötzlich mit jedem Staubteilchen im Universum einverstanden, findet alle Menschen um einen herum zum Küssen und spürt keine körperliche Leistungsgrenze mehr.

Die Welt als Pille und Vorstellung: Niemand tanzt mehr aus der Reihe. Ecstasy stellt mithin auf chemische Weise jene Harmonie her, die (siehe oben, der »Erste Pfad«!) die Voraussetzung für das Nichtdenken ist. Wer Technopartys beobachtet hat, wird schon bemerkt haben, dass sie äußerlich den Jugendaufmärschen in totalitären Ländern ähneln: eine Masse von Körpern, die sich perfekt synchron bewegen, blank starrende Augenpaare etc. – es fehlen nur noch die Fahnen und Parolen. Vielleicht wird irgendwann ein Diktator darauf verfallen, seinen Untertanen die Glücksdroge zu verordnen. Dr. Motte, der in Berlin weltberühmt ist, weil er die so genannte Love Parade ins Leben rief, hat hier längst die richtigen Zeichen gesetzt. Zum Abschluss jenes stampfenden Zuges abertausender Technotänzer, der als politische Demonstration galt, trat er an der Berliner Siegessäule auf eine erhöhte Plattform. Huldvoll nahm er den tosenden Jubel der Menge entgegen, anschließend hielt Dr. Motte (der eigentlich Matthias Roenigh heißt) alle Jahre wieder eine Ansprache, die durch völlige Abwesenheit von Sinn glänzte.

Dass Ecstasy ein paar Nebenwirkungen hat, soll hier nicht verschwiegen werden. Wahrscheinlich schädigt das Rauschgift Gehirn und Nervensystem. Außerdem heizt es den Körper auf und führt zu Flüssigkeitsverlust, was der Ecstasy-Konsument in der Trance kaum bemerkt. Er beginnt zu fiebern, seine Temperatur steigt bis auf 42 Grad Celsius – das Ende kann ein Hitzschlag sein. Außerdem sind Ecstasy-Pillen häufig mit Backpulver oder Schlimmerem verunreinigt. Aber wer ernsthaft mit dem Denken aufhören will, wird solche Risiken nicht scheuen.

Kokain

Auf den flüchtigen ersten Blick scheint vieles gegen diese Droge zu sprechen. Schließlich ist der am höchsten gefeierte Kokainkonsument der Weltliteraturgeschichte Sherlock Holmes aus der Baker Street 221 B. Und dieser viktorianische Detektiv war vor allem damit beschäftigt, seinen analytischen Verstand an immer neuen Kriminalgeheimnissen zu schärfen. Um Gottes willen: eine Droge, die das Denken fördert? Erfreulicherweise handelt es sich um blinden Alarm. In Wahrheit hebt Kokain nicht den Intelligenzquotienten, es senkt nur – wie Alkohol – die Fähigkeit zur Selbstkritik. Allerdings wirkt das weißkristalline Pulver viel dramatischer als jener. Wer es schnupft, wird sich bald wie ein Genie, ein König, ein Gott vorkommen.

Da Kokain die Ganglien betäubt, kann es unangenehme Halluzinationen hervorrufen. Man fühlt sich dann, als würde eine Million Flöhe unter der Haut krabbeln. Außerdem wird die Erstaufnahme des Rauschgiftes häufig von Angstzuständen begleitet. Hier heißt es beharrlich sein! Irgendwann wird das Kokain schon zu jenem »Ich-Zerfall« führen, dem »süßen, tiefersehnten«, den der Lyriker Gottfried Benn besang. Dann ist man aber auch schon süchtig geworden. Etwa eine Stunde nach dem Rausch pflegt der Kokain-Kater einzusetzen: Depression, Müdigkeit, Langeweile. Diesem Zustand kann man nur entfliehen, wenn man sich zum nächsten Rausch aufschwingt. Das Ganze hat einen Nachteil – es ist ein teurer Spaß. Der Volksmund weiß: »Wenn du Kokain schnupfst, ist das ein dezenter Wink des Himmels, dass du zu viel Geld hast.«

Diesen dezenten Wink bekam – neben vielen anderen Prominenten – auch der bayerische Liedermacher Konstantin

Wecker zu spüren. Vor gut zwanzig Jahren besang er mit seinem knödelnden Bariton, was man damals eben so besang: die Bosheit der Nazis, die Schönheit des Geschlechtsaktes, die Grausamkeit des Krieges. Dazu spielte er Klavier. Typisch für ihn waren etwa folgende Verse: »Das mag ich so an den Bäumen, / ihr Wissen um Sterben und Sucht. / Was sie sich im Frühjahr erträumen / verteilen sie später als Frucht.« Daraufhin wurde Konstantin Wecker verhaftet. Von der Lyrikpolizei? Seltsamerweise: nein. Nicht das Schmieden stümperhafter Reime wurde ihm zur Last gelegt, es stellte sich lediglich heraus, dass Wecker das verbotene weiße Pulver in nicht gerade medizinischen Dosen durch seine Nasenlöcher gesogen hatte. Die befreiende Wirkung ließ nicht auf sich warten. Bald verfasste der Liedermacher eine Lebensbeichte, in der er seine Potenz rühmte, reiste in den Irak des Saddam Hussein, um dort die Amerikaner zu beschimpfen, und gab in einem Interview zu Protokoll, er wolle »eine neue Sprache lernen. Nicht die Sprache des Denkens, sondern eine, die erfahrbar ist«. Sehr löblich.

Konstantin Wecker weigerte sich, seine Drogenkarriere zu ihrem krönenden Abschluss zu führen. Das muss bedauern, wer in der Fachliteratur studiert, was er sich entgehen ließ: Kokain hat häufig frühzeitige Vergreisung zur Folge. Das Gefühlsleben stumpft ab, man hat nur noch ein Interesse an der Außenwelt: sich mehr von der Droge zu besorgen. Kokainisten im Spätstadium erkennt man an ihrem unsicheren Gang, der schlaffen Haut, den matten Augen (die von violetten Kreisen umgeben sind), den unzusammenhängenden Reden. In klinischen Studien wurde festgestellt, dass die Wahrscheinlichkeit von Hirnblutungen durch den Gebrauch von Kokain signifikant zunimmt. Insgesamt gibt es also keinen Grund, warum Nichtdenker ausgerechnet um diese Droge einen Bogen machen sollten.

LSD

Geringe Mengen genügen. Ein einziges Gramm ins Trinkwasser einer deutschen Kleinstadt gerührt – und schon würden zehntausend Seelen auf die psychedelische Reise geschickt. LSD ist eine synthetische Droge, die auf das limbische und retikuläre System wirkt: zwei Teile des Gehirns, die emotionale Reaktionen und Sinnesreize steuern. Außerdem bestimmen sie, welche Informationen uns aus der Außenwelt übermittelt werden. Spinnen, denen man LSD verabreicht hatte, bauten bessere Netze; Katzen wurden freundlich zu Mäusen. Menschen glauben in der Regel, sie hätten eine Erleuchtung. Das Resultat sind glitzersatte Pseudohalluzinationen: Farben flackern und sprühen, grüne und rote Nebel wabern, Buchstaben taumeln durch Schneeflocken, Buddhas treiben durch Hakenkreuze. Freilich erleiden manche Leute auch einen so genannten Horrortrip und winseln vor Schrecken; andere sind überzeugt, sie könnten fliegen, und stürzen sich vom Fensterbrett. Doch jene, die nicht fallen, kommen sich ungeheuer weise vor. Sie glauben mit einem Mal, sie hätten Einblick in den Bauplan des Universums erhalten.

In der grauen Welt der Fakten sieht es freilich anders aus: Die Intelligenz sinkt messbar. Das »Denkvermögen in Situationen, die praktisch gelöst werden müssen«, wird schwer beeinträchtigt; das »Beziehungsdenken« ist blockiert, die »Gedankenbildung« gestört. Die Symptome erinnern verblüffend an eine akute katatonische Erregung, wie Schizophrene sie erleben. »Alle Anstrengungen meines Willens, den Zerfall der äußeren Welt und die Auflösung meines Ich aufzuhalten, schienen vergeblich« – so schildert Albert Hofmann, der Erfinder der Droge, seinen ersten LSD-Rausch. »Ein Dämon war in mich eingedrungen und hatte von meinem Körper, von meinen Sinnen und von meiner Seele Besitz ergriffen. Ich sprang auf und schrie, um mich von ihm zu befreien, sank dann aber wieder machtlos auf das Sofa. Die Substanz, mit der ich hatte experimentieren wollen, hatte mich besiegt. Sie war der Dämon, der höhnisch über meinen Willen triumphierte. Eine furchtbare Angst, wahnsinnig geworden zu sein, packte mich. Ich war in eine andere Welt geraten, in andere Räume mit anderer Zeit.« Später werden die Symptome des Rausches angenehmer – Hofmann erinnert sich: »Jetzt begann ich allmählich, das unerhörte Farben- und Formenspiel zu genießen, das hinter meinen geschlossenen Augen andauerte. Kaleidoskopartig sich verändernd drangen bunte, phantastische Gebilde auf mich ein. Besonders merkwürdig war, wie alle akustischen Wahrnehmungen, etwa das Geräusch einer Türklinke oder eines vorbeifahrenden Autos, sich in optische Empfindungen verwandelten. Jeder Laut erzeugte ein in Form und Farbe entsprechendes, lebendig wechselndes Bild.«

Albert Hofmanns Schilderung zeigt: die ideale Droge für das Fernsehzeitalter! Bilder ohne Bedeutung ziehen in nicht enden wollendem Fluss am Betrachter vorbei. Dies erkannte in den siebziger Jahren des vorigen Jahrhunderts auch Timothy Leary, ein Professor der Harvard-Universität. Viele werden sich noch an den kuriosen Kult erinnern, den er um das LSD errichtete. Es ging dabei um etwas, das »Bewusstseinserweiterung« hieß und dazu beitragen sollte, das »System« zu überwinden, womit ungefähr die liberale Demokratie gemeint war. Prof. Leary ist mittlerweile verstorben. Mit Rührung sei seiner gedacht, denn dieser Erzieher half vielen jungen Leuten, sich für immer vom Denken zu verabschieden.

Opiate

»Geht's ohne Hoffnung mir und übel, so bleibt mir Bittermandelwasser und Opium«, schreibt der Dichter Novalis 1798. Und ewig lächelt das Glück: »In süßer Trunkenheit / Entfaltest du die schweren Flügel des Gemüts, / Und schenkst uns Freuden / Dunkel und unaussprechlich / Heimlich, wie du selbst bist, / Freuden, die uns / Einen Himmel ahnen lassen. Die Opiate sind also schon seit alters zu empfehlen. Neben dem Opium gehört zu ihnen auch Heroin und Morphium; sie alle machen sehr schnell abhängig, auch sind die Entzugserscheinungen äußerst unangenehm. Ich will hier nur andeutungsweise von Krämpfen und wässrigem Erbrochenem reden und über Gedärme, die sich schlangengleich unter der Haut bewegen, barmherzig das weiße Leintuch des Schweigens breiten. Die schweren Entzugssymptome haben nämlich einen unschätzbaren Vorteil. Sie, lieber Leser, müssen sich nur einmal entscheiden. Sobald Sie eine Drogenkarriere auf diesem Gebiet eingeschlagen haben, gibt es eigentlich kein Zurück mehr; jedenfalls ist es fast übermenschlich schwierig, unterwegs wieder auszusteigen. Denn zur physischen gesellt sich noch die psychische Sucht hinzu. Kenner sagen, dass Heroin so euphorisierend wirkt wie kein anderes Seelengift (schließlich erhielt es seinen Namen, weil man sich hinterher »heroisch« fühlt). Allerdings muss die Dosis, damit diese Wirkung überhaupt spürbar bleibt, von Mal zu Mal deutlich gesteigert werden.

Sämtliche Opiate werden aus dem Schlafmohn gewonnen, von dem unser roter Klatschmohn nur ein entfernter harmloser Verwandter ist. Sie führen zu einem rapiden körperlichen Verfall: zu Schweißausbrüchen, Magen-Darm-Störungen, Anfällen von Angina pectoris und Impotenz. Kinder von heroinsüchtigen Müttern werden als Heroinsüchtige geboren. Aber wer würde diese Nebenerscheinungen nicht gern in Kauf nehmen, wenn er andererseits erfährt, dass Opiate die Konzentrationskraft untergraben und Gedächtnisstörungen hervorrufen, so dass eine allmähliche Verdummung unvermeidlich ist?

Welche Droge passt zu mir?

Obige Auflistung ist keineswegs vollständig. Wenn man erst einmal genauer hinschaut, steckt in jedem Mauerspalt und jedem Winkel der Welt eine berauschende Substanz. Darum ist die Frage, welche Drogensucht exakt zu Ihnen passen mag, gar nicht so leicht zu beantworten. Es kommt dabei nämlich auf den Typ an. Nervöse Menschen tun gut daran, ihre Aufgeregtheit in Haschischnebeln wegzurauchen; entscheidungsschwache Naturen sollten beherzt zur Heroinspritze greifen. Insgesamt aber möchte ich von illegalen Drogen doch eher abraten. Schließlich bekommt man sie nicht in jedem Kiosk um die Ecke; und infolgedessen könnten Sie, liebe Leserin, geneigter Leser, in die Beschaffungskriminalität abrutschen. Die Erörterung der moralischen Dilemmata, die sich daran knüpfen, gehört nicht hierher. Das einzige uns interessierende Problem ist, dass Beschaffungskriminalität in der Regel mit Denkleistungen einhergeht. Wohnungseinbrüche wollen sorgfältig geplant sein. Wohlhabende sind tagelang zu observieren, bevor man sie endlich ausrauben kann. Wenn Sie sich der Prostitution in die Arme werfen, müssen Sie scharf überlegen, ob der Freier, zu dem Sie da ins Auto steigen, nicht verdächtig dem Lustmörder ähnelt, dessen Gesicht Sie gestern in der Zeitung gesehen haben. Und schon ist das Unglück passiert: Ihre restlichen grauen Zellen sind am Glühen.

Für die meisten Menschen, die sich auf simple und doch wirkungsvolle Weise das Denken abgewöhnen wollen, bleibt also nur der Alkoholismus. Wer zur Flasche greift, kann dies immerhin in dem beruhigenden Bewusstsein tun, dass schon viele andere vor ihm diese Methode angewandt haben. Mit gewaltigem Erfolg! »Ich nahm die Flasche und ging zu dem in die Wand eingelassenen Waschtisch«, heißt es ins Hans Falladas Roman »Der Trinker«. »Ich nahm ein Wasserglas und füllte es zu zwei Dritteln mit Alkohol, dann füllte ich Wasser nach, sehr vorsichtig. Meine Hand hat dabei nicht gezittert. Ich setzte das starke Gemisch an den Mund und trank es mit drei, vier Schlucken leer. Einen Augenblick stand ich wie betäubt, eine ungeheure Helle breitete sich rasch in mir aus. Ich bin vornüber bewusstlos zu Boden gestürzt, grade auf mein geschändetes Gesicht.«

Freund Hein

Es könnte nun jemand daherkommen und mit spitzem Finger darauf hinweisen, dass das Resultat dieses achten Pfades zum Nichtdenken häufig der Tod ist. Jede Drogensucht, so sagt man, sei ein Selbstmord auf Raten; am Ende des Weges wartet schon das Gerippe mit dem schwarzen Umhang und dengelt seine Sense. Darauf kann ich nur sagen: Na und? Was soll daran so schrecklich sein?

Lauter romantische deutsche Dichter, von denen übrigens viele Opiumesser waren, haben uns den Tod in wunderbar schwermütigen Versen als Ziel ihrer Wünsche klar vor Augen gestellt. Können die denn alle geirrt haben? Waren die denn durch die Bank pervers oder wahnsinnig? Lauschen Sie den »Hymnen an die Nacht« des bereits erwähnten Novalis, liebe Leserin – und dann sagen Sie mir, ob Folgendes nicht höchst verführerisch klingt:

Gelobt sei uns die ewge Nacht,
Gelobt der ewge Schlummer.
Wohl hat der Tag uns warm gemacht,
Und welk der lange Kummer …

Und später heißt es im selben Gedicht:

Was hält noch unsre Rückkehr auf,
Die Liebsten ruhn schon lange.
Ihr Grab schließt unsern Lebenslauf,
Nun wird uns weh und bange.
Zu suchen haben wir nichts mehr –
Das Herz ist satt – die Welt ist leer.

Gewiss – all dies ist noch ein wenig müde, bleiern, allzu schwer an Bedeutung. Im zwanzigsten Jahrhundert trat indes eine politische Bewegung auf den Plan, die der romantischen Todessehnsucht mit Marschrhythmen huldigte; diese Bewegung war der Faschismus. Einer der Putschgeneräle im spanischen Bürgerkrieg, Jose Millan Astray, erfand 1936 den Schlachtruf »Vi-

va la muerte« – »Es lebe der Tod!« Es ist nur konsequent, dass
er dies mit einem zweiten Slogan verband: »Abajo la inteli-
gencia« – »Nieder mit der Intelligenz!« Mit diesen beiden Parolen zwangen die spanischen Faschisten die Verteidiger der
Republik in die Knie. Als an der Universität von Salamanca ein
faschistischer Festakt begangen wurde, ereignete sich freilich
ein peinlicher Zwischenfall. Der Philosoph Miguel de Unamano, den Gräueltaten der Linken ins politische Lager der Ultra-
rechten geführt hatten, erhob sich vor allen ordensgebeugten
Honoratioren und sagte: »Ich habe soeben einen nekrophilen
und sinnlosen Schrei gehört – ›Es lebe der Tod‹. Ich muss Ihnen sagen, dass dieses weit hergeholte Paradox widerwärtig
ist.« Putschgeneral Millan Astray, der unter den Gästen war,
brüllte dazwischen: »Nieder mit der Intelligenz!« Miguel de
Unamano verließ den Ort der Veranstaltung. Am Tag danach
wurde er unter Hausarrest gestellt, wenig später starb er.

Die würdigen Erben der spanischen Faschisten sind die
islamischen Terroristen von heute. Auf Webseiten von Al
Qaida waren Särge zu sehen, die auf und zu klappten; darüber
stand in geschwungener arabischer Schrift: »Deine wahre Hei-
mat erwartet dich.« Texte in palästinensischen Schulbüchern
preisen die »schuhada«, die so genannten Märtyrer, die sich in
Pizzerias und Kaffeehäusern in die Luft gesprengt haben, um
möglichst viele Juden zu zerfetzen; auf palästinensischen Vi-
deos sind Kinder zu sehen, die ihren Altersgenossen selig zu-
winken und sie auffordern, mitzukommen ins Paradies. Hier
werden im engeren Sinn gar keine politischen Ziele mehr
verfolgt. Utopia ist mit dem Leichenschauhaus eins geworden.

»Viva la muerte« – dies ist der Schlachtschrei, unter dem
das Nichtdenken ganz friedlich von Sieg zu Sieg schreitet. Es

lebe der Tod! Denn nur er bringt die vollkommene Harmonie, die nicht mehr gestört werden kann; nur er löscht jene Unruhe aus, die unaufhörlich Gedanken provoziert hat – und die selbst von ihnen hervorgebracht wurde. Erinnern Sie sich noch an den schönen Grabspruch von Jonathan Swift, der besagt, dass der große Satiriker nun dort weile *ubi saeva indignatio cor ulterius lacerare nequit?* Das ist buchstäblich wahr. Freund Hein besänftigt jede wilde Empörung, die das Herz zerfleischt hat. Vielleicht erreichen Drogen dabei im kleinen und privaten Rahmen genau das, was die totalitären Massenbewegungen für das Große und Ganze erstreiten wollen. Jedenfalls ist einerlei, mit welchem Mittel Sie ans Ende des Weges gelangen – ob mit Heroin, Alkohol oder einem anderen Rauschmittel. Wichtig ist nur, dass es im Jenseits kein Unglück mehr gibt. Der leere Totenschädel hat längst vergessen, was ihn einst quälte, und grinst still in die Ewigkeit. Was aber stellen unterdessen die Denker an? Ich sage es so, wie es ist: Sie hängen am Leben in seinen vielfältigen, häufig auch ungewaschenen Erscheinungsformen. Viele von ihnen gründen Familien und zeugen (beziehungsweise gebären) Kinder. Vor Streit und Krach schrecken sie nicht zurück. Ich nenne das spießig.

Schlussbemerkung

Wenn mir jetzt aber jemand vorwirft, dieses ganze Buch sei nichts als ein Selbstmordanschlag auf die kritische Vernunft, dann antworte ich wahrheitsgemäß (und ohne mit der Wimper zu zucken): So ist es.

PRAKTISCHE ÜBUNGEN

I. Trinken Sie ein Glas voller Schnaps. Ich meine natürlich ein Wasserglas und nicht das, was die Bayern »Stamperl« nennen. Auf die Schnapssorte will ich mich nicht festlegen. Sie können auch Wodka oder Tequila verwenden; wenn Sie es süß mögen, bevorzugen Sie vielleicht Apfelkorn. Wichtig ist nur, dass Sie sich nicht allzu lange Zeit lassen und das Zeug zügig hineinkippen.

II. Trinken Sie noch ein Glas Schnaps. Wenn Sie – wie der Schreiber dieser Zeilen – einen empfindlichen Magen haben, könnte es sein, dass jetzt Ihre Innereien rebellieren. Die russische Methode ist, beim Trinken fetten Speck zu essen; der neutralisiert das Sodbrennen ein wenig. Merken Sie, wie warm Ihnen plötzlich wird? Morgen wird Ihnen alles herrlich gleichgültig sein.

III. Trinken Sie ein drittes Glas Schnaps.

Nachrede:
Vom Nutzen des Nichtdenkens

Hegels »Wissenschaft der Logik« beginnt mit zwei Kapiteln, die ungefähr gleich lang sind und einander wie Tafeln eines Diptychons gegenüberstehen. Das eine ist »Sein« überschrieben, das andere »Nichts«. Mit einer Definition seines ersten Gegenstandes hebt der Philosoph an: »*Sein, reines Sein,* – ohne alle weitere Bestimmung.« Dieses reine Sein, führt er aus, sei »nur sich selbst gleich«, es sei damit »auch nicht ungleich gegen Anderes«. Das heißt, es kann von nichts anderem in der Welt unterschieden werden; es hat weder Bestimmung noch Inhalt. Noch einmal anders gesagt, das reine Sein ist pure Reinheit, die von nichts – von keinem konkreten Detail – getrübt wird: »Es ist die reine Unbestimmtheit und Leere.« Wir stehen, bildlich gesprochen, vor einer glatten Wand. Und in einer eleganten sprachlichen Volte, die schon ahnen lässt, worauf Hegel hinauswill, fährt er fort: »Es ist *nichts* in ihm anzuschauen, wenn von Anschauen hier gesprochen werden kann.« Das reine Sein sei vielmehr »nur dieses leere Anschauen selbst«. Die glatte Wand bietet dem forschenden Blick keine Unebenheit, an der er sich orientieren könnte. Konsequent fährt Hegel fort: Vom reinen Sein könne auch nichts gedacht werden – oder es sei eben selbst »dies leere Denken«. Begriffe

179

finden hier nichts zum Greifen, sie rutschen an der glatten Wand ab. Und so steuert der Philosoph zielsicher auf seine Pointe zu: »Das Sein, das unbestimmte Unmittelbare ist in der Tat *Nichts* und nicht mehr noch weniger als Nichts.«

Nachdem die allgemeine Verblüffung verklungen ist, wendet Hegel sich seiner nächsten Aufgabe zu. Er wiederholt das geistige Artistenstück für die andere Seite der Gleichung. *»Nichts, das reine Nichts«*, schreibt er – »es ist einfache Gleichheit mit sich selbst, vollkommene Leerheit, Bestimmungs- und Inhaltslosigkeit.« Man könnte witzig formulieren: Das reine Nichts zeichnet sich dadurch aus, dass es sich – nun ja – durch nichts auszeichnet. Was bedeutet es aber, wenn man sich mit diesem Nichts gedanklich beschäftigt? Der Philosoph erklärt: »Insofern Anschauen oder Denken hier erwähnt werden kann, so gilt es als ein Unterschied, ob etwas oder *nichts* angeschaut oder gedacht wird.« So sagt es uns die Alltagssprache: Über was hast du gerade nachgedacht?, fragt die Ehefrau. – Über nichts, antwortet der Ehemann. Das ist freilich etwas anderes, als wenn er geantwortet hätte: Über das Fußballländerspiel von gestern Abend. »Nichts Anschauen oder Denken hat also eine Bedeutung«, schließt Hegel. Die Frage ist nur: Was mag diese Bedeutung sein? Nun, wenn wir über Nichts nachdenken, dann ist eben »Nichts« in unserem Denken – die pure, kosmisch reine Leere. Das bedeutet, in unserem Kopf ist tatsächlich nur »das leere Anschauen oder Denken selbst« vorhanden, anders ausgedrückt: ein Denken, das keinen Gegenstand hat (sei es ein Fußballländerspiel oder was auch immer). Dieses leere Denken aber ist – wie wir gerade eben so schön demonstriert bekommen haben – »das reine Sein«. Jetzt kann der Philosoph den Strich unter seine Gleichung ziehen, er schreibt: »Nichts ist somit dieselbe Bestimmung oder vielmehr Bestimmungslosigkeit und damit überhaupt dasselbe, was das reine *Sein* ist.« Tusch und Applaus!

Auf den billigen Rängen des philosophischen Zirkus brandete freilich Gelächter auf. Hegels Verächtern galt der Anfang seiner »Logik« als verbales Zauberkunststück, und wie der Pöbel bei allen magischen Vorstellungen, so behaupteten auch jene Skeptiker, sie hätten den Trick durchschaut. Der Philosoph, sagten sie, wolle seinem Publikum ein X für ein U vormachen: Schwarz und Weiß dasselbe? Die polaren Gegensätze miteinander identisch? Da merkt man wieder einmal, dass Georg Wilhelm Friedrich Hegel an jedem Tag seines Lebens drei Flaschen schwäbischen Rotwein geleert hat. Hö hö hö! – und das soll dann auch noch logisch sein. Jedes Kind kann doch nachrechnen, dass es ein kleiner Unterschied ist, ob ich hundert Euro auf dem Konto liegen habe oder ob mir hundert Euro fehlen.

Ja, entgegnet Hegel nüchtern, aber hundert Euro sind eben nicht reines, nicht bestimmungsloses Sein. Hundert Euro sind Etwas. Das heißt, sie können von Anderem unterschieden werden: Hundert Euro sind nicht hundert Dollar. Oder hundert Rubel. Oder hundert Pferdeäpfel. Die Negation von hundert Euro ist also eine ganz bestimmte Negation. Das Gegenteil von hundert Euro ist keineswegs Nichts, sondern ein definiertes, ein fest umrissenes *Nicht* (nämlich: das betrübliche Nichtdasein von hundert Euro). Ich, sagt Hegel und schnuppert an seinem Rotweinglas, rede von abstrakten Kategorien, nicht von wirklichen Gegenständen. »Es muss vom Sein und Nichts gesagt werden, dass es nirgends im Himmel und auf Erden etwas gebe, was nicht beides, Sein und Nichts, in sich enthielte.« Das reine Sein kommt in der Natur also ebenso wenig vor wie reiner Alkohol. »Freilich, da hierbei von einem irgend Etwas und Wirklichem die Rede wird, so sind darin jene Bestimmungen nicht mehr in der vollkommenen Unwahrheit, in der sie als Sein und Nichts sind, vorhanden, sondern in einer weiteren Bestimmung.« Das Universum besteht aus Gegenständen, auf die man deuten und sagen kann: Das da! Diese Gegenstände (Meteore; Planeten; Sonnen; Bäume; Steuerberater et cetera) sind voneinander durch Definitionen – »Bestimmungen« – abgesetzt. Und sie sind immer schon *etwas;* das heißt, sie sind reicher als jene Abstrakta, die Sein und Nichts heißen. Jene Abstrakte sind »vollkommen unwahr«, weil ihnen in der Wirklichkeit nichts entspricht.

Was wäre dann aber jenes reine Sein, das die Philosophie aus der Welt der Erscheinungen destilliert? Wenn wir uns Hegels Definition vom Anfang noch einmal Wort für Wort vornehmen, wird die Sache ziemlich klar: Das reine Sein ist die Realität, wie sie war, bevor sie vom menschlichen Geist bearbeitet wurde. Und dieses reine Sein ist in der Tat mit dem Nichts identisch.

Womöglich hilft ein naturwissenschaftlicher Vergleich, hier besser zu verstehen. Zu den Eigenschaften der physischen Welt gehört die Reibung. Auch der spiegelglatt gefrorene See, auf dem die Primaballerinen im Winter ihre Pirouetten drehen, hat Reibung (wenn auch nur eine schwache); anderenfalls wäre es gar nicht möglich, auf ihm Schlittschuh zu laufen. Die Kufen würden keinen Halt finden, sondern kreuz und quer übers Eis schliddern – und zwar in alle Ewigkeit. Kein Mensch könnte auch nur einen Fuß vor den anderen setzen. Kieselsteine würden – vom sanftesten Windhauch über den Boden gejagt – nie mehr aufhören, sich zu bewegen. Jede Teetasse würde durch die Finger glitschen wie ein Fisch. Das reine Sein ist eine Welt, der durch ein Zauberwort die physikalische Eigenschaft der Reibung abhanden gekommen ist. In dieser Welt gibt es zwar theoretisch noch Gegenstände, doch sind diese nicht fassbar; also gibt es sie nicht für uns. Und so ist letztlich gleichgültig, ob wir sagen: diese Gegenstände existieren, oder sie existieren nicht. Wir können so oder so nichts mit ihnen anfangen. Ebenso gut könnten wir uns im leeren Kosmos aufhalten wie in einer solchen Welt. Erst wenn das Denken seine Säure über die Wirklichkeit ausschüttet, entsteht zischend wieder Reibung. Das reine Sein wird sozusagen von Begriffen aufgerauht. Die abstrakt-glatte Oberfläche nimmt die Konsistenz von feinem Schmirgelpapier an, zwischen den Einzelerscheinungen tun sich Klüfte auf. Die Realität besteht wieder aus bestimmten Details, einer Fülle von »Etwassen«. So wird dem Bewusstsein Halt geboten; man kann wieder Schritte auf dem Parkett der Tatsachen wagen.

An dieser Stelle breche ich ab. Der springende Punkt sollte nämlich längst deutlich geworden sein: Das Nichtdenken strebt das reine Sein an – jene spiegelglatte Unbestimmtheit und Leere, die mit dem Nichts zusammenfällt. Es will zurück zur ursprünglichen, zur jungfräulichen Wirklichkeit, die noch nicht vom Geist verätzt wurde. Und dieses reine Sein (Achtung, jetzt kommt ein Geheimnis) hat einen indischen Namen. Es heißt seit der Zeit, da der Erleuchtete am Fluss Nerandschara unter einem Pipalabaum meditierte: Nirwana. Wie Sie sich vielleicht erinnern, lehrte der Buddha, wie man dem Leiden entrinnen kann – nicht irgendeinem bestimmten, sondern allem Leiden, das es auf der Welt gibt. Der Mensch wird geboren, altert und stirbt; Krankheiten quälen ihn; er liebt und ist von Liebem getrennt. Das Mittel, um von dieser Malaise loszukommen, sei, dass der Mensch seine Begierden einfach vergisst. Der Buddha fand heraus, wie man durch geistige Exerzitien und strenge körperliche Askese sein Selbst vernichten kann. So steigt der Mensch aus dem Rad der Wiedergeburten aus, das die Seelen nach dem Tod in immer neue Körper befördert – wo sie doch wieder nur die alten Quälereien durchmachen müssen.

Das Nirwana gehört zu den ältesten und edelsten Utopien der Menschheit. »In orientalischen Systemen, wesentlich im Buddhismus, ist das Nichts, das Leere, das absolute Prinzip«, bescheidet uns Hegel in seiner bündigen Art. Just darum geht es: um die Leere, das Nichts, das absolute Prinzip. »Wahr ist nur der Gedanke, der sich selbst nicht versteht«, schrieb ein anderer großer Philosoph, nämlich Theodor W. Adorno. Er gab sich damit als Krypto-Nichtdenker zu erkennen, denn dieser Aphorismus bedeutet ja, in klares Deutsch übersetzt: Wahre Gedanken sind Blödsinn. Wozu also die Grübelei?

Die Dummkopfiade

Seltsamerweise gibt es in der abendländischen Literaturgeschichte indes nur ein einziges Epos, in dem das Nichtdenken besungen und bejubelt wird. Dieses Epos ist die »Dunciad«, die »Dummkopfiade« des englischen Lyrikers Alexander Pope (1688 bis 1744). Der Autor – ein Freund des mehrfach erwähnten Jonathan Swift – war ein aufklärerischer Löwe in den literarischen Salons von London; ein tiefernster Spötter, der Horaz und Homer übersetzte und das Lehrgedicht »An Essay on Man« schrieb. Die am besten bekannten Verse aus diesem »Versuch über den Menschen« lauten: »Know then thyself, presume not God to scan: / The proper study of Mankind is Man.« (Erkenne dich selbst und maße dir nicht an, Gott zu erforschen; das geeignete Studienobjekt für die Menschheit ist – der Mensch.) Löschen Sie dieses Zitat bitte sofort wieder aus Ihrem Gedächtnis. Vor uns liegen Heldentaten.

Die »Dummkopfiade« beginnt, wie sich das für ein Epos gehört, mit der Anrufung einer Göttin. Diese Göttin ist »Dulness«, die Stumpfheit, Tochter des Chaos und der ewigen Nacht; sie regierte schon, bevor die Sterblichen lesen und schreiben lernten, und da sie eine Göttin ist, wird sie ewig leben. Sodann führt uns Alexander Pope den Helden des Gedichts vor, einen glücklosen Poeten, dem nichts einfällt. Schließlich verbrennt er aus Verzweiflung seine eigenen Werke zusammen mit denen von Shakespeare und Molière. Vom Rauch dieses Opfers gnädig gestimmt, offenbart sich ihm die Göttin und entführt ihn in ihr Heiligtum. Dort salbt sie ihn zum König und umnebelt ihn mit Opiumschwaden; fortan führt er einen neuen Namen – Dummkopf I.

Zu Ehren der frisch gekrönten Majestät finden homerische Wettkämpfe statt; sie werden nicht vom König, sondern von der Göttin höchstpersönlich ausgerichtet. Als Erstes müssen die Dichter, die zu Tausenden ins Reich der Dumpfheit gepilgert sind, beweisen, dass sie Krach machen können. Mögen andere versuchen, die Herzen des Publikums anzurühren – hier geht es einzig um die größte mögliche Dezibelstärke. Als Nächstes sind die Journalisten dran. Sie müssen im Schlammtieftauchen ihren Mann stehen; einer berichtet hinterher, dass ihm dort unten im Modder aus Verleumdungen und Gerüchten erotische bräunliche Schlammnymphen begegnet seien. Zu guter Letzt werden die Literaturkritiker schwer geprüft. Während das Publikum ein beruhigendes Summen anstimmt, wird ihnen aus dickleibigen Wälzern vorgelesen. Und wer nicht einschläft, hat gewonnen.

Nach den Wettkämpfen ruht sich König Dummkopf I. im Tempel seiner Göttin aus. Während er seinen Kopf in ihrem Schoß birgt, steigen wundersame Visionen auf. Der Held wähnt, dass eine verrückte Muse ihn ins Elysium führt, wo er Zeuge wird, wie die Seelen der ungeborenen Dichter mit dem Wasser des Lethe getauft werden, das Vergessen schenkt. Sobald sie ihren Körper erhalten, ist alle Originalität wie von ihnen abgewaschen. Danach führt ein klappriges altes Gespenst den Helden auf den Berg der Visionen, von wo aus er Vergangenheit und Gegenwart der Dumpfheit sehen kann. Ehrfürchtig betrachtet er die Vandalenhorden, die alles kurz und klein schlagen, was ihren geistigen Horizont übersteigt; er schaut den Siegeszug der religiösen Intoleranz, die *autos da fé*, bei denen Priester Bücher verbrennen, die sie nie gelesen haben. »Wie klein – sieh her! – ist jener Teil des Erdenballs, auf den schwach das Licht der Wissenschaften fällt«, sagt der Cicerone zum Helden. Er enthüllt, dass bald auch die britischen Inseln wieder dem Reich der Göttin einverleibt werden. Eine bleierne Zeit bricht an, in der die besten Köpfe nur noch dazu da sind, dass man sie hängen lässt. Den Schluss bildet eine Prophetie. König Dummkopf I. wird mit der Zukunft bekannt gemacht; dabei erfährt er, dass die Göttin Dumpfheit über eine Massenvernichtungswaffe verfügt: ihr Gähnen. Dieses Gähnen wirkt ungeheuer ansteckend. Niemand kann sich ihm entziehen: Bald schlafen ganze Kirchengemeinden bei der Predigt ein, darauf die Schulen, die Universitäten, auch das Parlament macht ein Nickerchen, sogar die Armeen dösen vor sich hin. Mit seinen letzten Versen beschreibt Alexander Pope, wie der Triumph der Göttin universal wird. Und weil dieses Ende nicht nur monumental, sondern auch erhebend ist, sei es hier vollständig wiedergegeben:

...

She comes! she comes! the sable Throne behold
Of Night Primæval, and of Chaos old!
Before her, Fancy's gilded clouds decay,
And all its varying Rain-bows die away.
Wit shoots in vain its momentary fires,
The meteor drops, and in a flash expires.
As one by one, at dread Medea's strain,
The sick'ning stars fade off th'ethereal plain,
As Argus' eyes by Hermes' wand opprest,
Clos'd one by one to everlasting rest;
Thus at her felt approach, and secret might,
Art after Art goes out, and all is Night.
See skulking Truth to her old Cavern fled,
Mountains of Casuistry heap'd o'er her head!
Philosophy, that lean'd on Heav'n before,
Shrinks to her second cause, and is no more.
Physic of Metaphysic begs defence,
And Metaphysic begs for aid on Sense!
See Mystery to Mathematics fly!
In vain! they gaze, turn giddy, rave, and die.
Religion blushing veils her sacred fires,
And unawares Morality expires.
Nor public Flame, nor private, dares to shine;
Nor human Spark is left, nor Glimpse divine!
Lo! thy dread Empire, CHAOS! is restor'd;
Light dies before thy uncreating word;
Thy hand, great Anarch! lets the curtain fall;
And Universal Darkness buries all.

»Sie kommt, sie kommt! Schaut ihn an, den düsteren Thron des alten Chaos und der uranfänglichen Nacht! Die goldenen Wolken der Phantasie verderben vor ihr, und der vielfältige Regenbogen siecht dahin. Vergebens schießen Witz und Geist ihre kurzlebigen Feuer ab. Ihr Meteor stürzt und verlischt in einem Blitz. Die schreckliche Medea lässt durch ihre Kraft die kranken Sterne im Himmelsäther einen nach dem anderen verblassen – so wie, vom Zauberstab des Hermes unterworfen, sich die Augen des Argus eines nach dem anderen zu ewiger Ruhe schließen. Und so verwelkt nun auch eine Kunstfertigkeit nach der anderen, während sich die Göttin fühlbar annähert, ihre Macht insgeheim wächst – und alles Nacht wird. Sieh doch, wie die Wahrheit sich in ihre alte Höhle davonschleicht und Berge von dummschlauer Kasuistik auf ihren Schädel gehäuft werden! Die Philosophie, die sich früher auf den Himmel stützte, schrumpft auf Unwichtiges zusammen und ist nicht mehr. Die Physik bittet die Metaphysik, sie zu verteidigen, und die Metaphysik bettelt die Vernunft um Hilfe an. Sieh, wie das Geheimnis sich in die Mathematik flüchtet! Umsonst – beide starren, werden schwindlig, rasen wie Wahnsinnige und krepieren. Die Religion verhüllt errötend ihr heiliges Feuer; und unerwartet haucht die Moralität ihr Leben aus. Weder im Privaten noch in der Öffentlichkeit wagt noch eine Flamme zu leuchten – weder menschliches Flimmern noch göttlicher Funke sind übrig geblieben. Weh! deine Schreckensherrschaft, Chaos, wird wieder aufgerichtet. Dein Wort löscht die Schöpfung aus, das Licht stirbt. Deine Hand, oh großer Anarch, lässt den Vorhang fallen; und umfassende Dunkelheit begräbt alles unter sich.«

Es liegt in Ihrer Hand

Geneigter Leser! Entzückende Leserin! Allmählich rückt die Zeit näher, da wir Abschied nehmen müssen. Ein gutes Stück Weges sind wir miteinander gegangen (und ich hoffe, es hat Ihnen ebenso viel Vergnügen bereitet wie mir). Aber schon sehe ich mit freiem Auge die Wegmarke, an der wir voneinander scheiden und ich Sie allein lasse.

Bald wird alles in Ihrer Hand liegen. Sie haben die Wahl! Entweder Sie denken auch weiterhin und verbringen ein Leben in Einsamkeit, Unglück und Grübelei – oder Sie lassen sich von jener Vision mitreißen, die der englische Dichter Alexander Pope entworfen hat. Wenigstens einen Teil davon können Sie in den vier Wänden Ihres privaten Daseins verwirklichen. Sie können in jener Nacht versinken, in der alle Katzen grau, alle Gemeinplätze wahr, alle Amerikaner doof sind. Sie können dem reinen Sein zustreben, das nicht von verwirrenden Fakten befleckt ist, und ihre Erdentage damit zubringen, dass Sie verzückt »Nirwana, Nirwana« nuscheln. Das Mittel dazu habe ich Ihnen auf den vorangegangenen Seiten ausführlich dargestellt. Ich habe Ihnen verraten, dass Sie

- ständig nach Harmonie streben
- sich ganz mit Ihrer Volksgruppe identifizieren
- mit der Menge grölen
- sich für den Größten halten
- über alles mitreden
- zum Islam konvertieren
- keine Bücher mehr lesen
- und drogenabhängig werden

müssen, wenn Sie mit der schädlichen, der höchst unsozialen Gewohnheit des Denkens brechen wollen. Keine Bange! Das alles ist einfacher, als es sich hier vielleicht anhört. Schließlich ist es schon größeren Geistern als Ihnen oder mir gelungen, mit dem Denken aufzuhören. Ich erinnere nur an jene Dichter und Philosophen, die in den dreißiger Jahren des vorigen Jahrhunderts zu irgendeiner politischen Wahnreligion konvertierten – sei sie linksextrem oder rechtsradikal –, um dann nie wieder von ihr loszukommen. Zu ihnen gehörte Ezra Pound, ein bedeutender Lyriker, der noch in den letzten Tagen des Zweiten Weltkrieges schäumende faschistische Ansprachen im Radio hielt. Zu ihnen gehörte aber auch Bertolt Brecht, von dem das Motto zu diesem Ratgeber stammt. Er erlebte in den zwanziger Jahren seinen Honigmond mit dem Marxismus und verteidigte die sowjetische Diktatur danach durch Dick und Dünn. Diese beiden Dichter (und ihre vielen Wesensverwandten) waren nicht etwa dumm; sie hatten in einem großartigen *sacrificium intellectus* freiwillig Scheuklappen angelegt.

Das kommunistische Manifest endet mit dem Versprechen, die Proletarier hätten in der künftigen Revolution nichts zu verlieren als ihre Ketten; sie hätten eine Welt zu gewinnen. Ich möchte das hier leicht abwandeln: Sie, verehrte Leserschar, haben durch den Verzicht auf die Vernunft nichts zu verlieren als ihre kleinen grauen Zellen. Lassen Sie mich (bevor es – hoffentlich – für immer erlischt) noch einmal in Ihr Gedächtnis brennen, was Sie durch praktiziertes Nichtdenken erwarten dürfen. Es sind die folgenden schönen Dinge:

Kraft
Reichtum
Innere Ruhe
Selbstvertrauen
Mut
Selbstachtung
Gesundheit
Sex

Und Sie wissen jetzt ja auch, was Sie zu tun haben, wenn der alte Dämon wieder seine Klauen in Ihr Gehirn schlagen will. Beim leisesten Anzeichen, dass sich Ihrer das Denken bemächtigen könnte, zünden Sie dieses Buch an und kaufen ein neues. Oder Sie überweisen den Kaufpreis direkt an den Autor.

Das sprechende Tier

Woran aber merken Sie (diese letzte Frage will ich Ihnen schnell noch beantworten), dass meine Therapie anschlägt? Es gibt dafür ein untrügliches Zeichen: die Sprache. Schließlich ist sie es, die uns vom Tier unterscheidet. Zwei Millionen Spezies gibt es auf diesem Planeten – aber nur eine kann sie zählen und über sie berichten. Im Talmud heißt der Mensch *chai medaber*, »das Lebewesen, das spricht«; auf Lateinisch könnte man ihn *homo loquens* nennen. Zwar gibt es auch unter Tieren so etwas wie Kommunikation. Bienen führen ihren berühmten Tanz auf, Delphine verfügen über ein beeindruckendes Register von Piepstönen, und Schimpansen kann man mit viel Mühe sogar einzelne Sätze beibringen. Aber keine Biene hat je einer anderen erzählt, welche Abenteuer sie erlebte, als sie von einer Blüte zur nächsten flog. Kein Delphin hat je ein Sonett verfasst. Und jenes Sprachniveau, das ein paar besonders intelligente Affen erreichen, entspricht dem eines Wickelkindes.

Mit Sprache haben die so genannten Tiersprachen so viel gemein wie eine vom Baum geworfene Kokosnuss mit einem Protonenbeschleuniger. Was ihnen allen abgeht, ist die Fähigkeit zur Symbolbildung: Außer dem Gegenstand »Tisch« und dem Wort »Tisch« gibt es in einem menschlichen Kopf als drittes Element noch ein abstraktes Symbol, das »Tisch« bedeutet. Dieses Element macht es uns möglich, von einem Tisch zu reden, auch wenn gerade keiner in der Nähe ist, ja sogar dann, wenn Tische noch gar nicht erfunden wurden (wir aber eben dabei sind, einen zu bauen). Erst dieses Dreieck aus Gegenstand, Wort und Symbol macht die Menschensprache aus. Die Sprache aber – und nur sie – war das Instrument, das uns erlaubte, zum erfolgreichsten Wesen des blauen Planeten aufzusteigen.

In einem der vorigen Abschnitte habe ich Ihnen ein paar Hinweise zur Stilkunde gegeben. Vor allem habe ich Ihnen dort eingeschärft, dass Sie Ihre Sätze künftig nicht mehr aus Wörtern, sondern aus Fertigbauteilen zusammensetzen sollten. Sobald Sie das Denken eingestellt haben, wird dieser Prozess ganz automatisch ablaufen. Schon bald wird Ihre Sprache sich wie eine fortdauernd rauschende Klospülung anhören. Sie werden unaufhörlich Statements dieser Art absondern: »Die privaten und institutionellen Akteure des Kultursektors und die zuständigen öffentlichen Verwaltungen beeinflussen die strukturellen Merkmale des öffentlichen Raums und seine Öffentlichkeitstauglichkeit, und zwar überall dort, wo sie als Anlieger ihren Auftritt selbst bestimmen.« Und so weiter. Dies lässt sich natürlich noch radikalisieren. Hören Sie gut zu: »Auf Grund der sich aus den letzten öffentlichen Arbeiten von Poincon und Wattmann ergebenden Existenz eines persönlichen Gottes kwakwakwakwa mit weißem Bart kwakwa außerhalb von Raum und Zeit der aus der Höhe seiner göttlichen Apathie göttlichen Athambie göttlichen Aphasie uns lieb hat bis auf einige Ausnahmen man weiß nicht warum aber das kommt noch und leidet wie die göttliche Miranda mit denen man weiß nicht warum aber man hat ja Zeit in der Folterkommer sind in dem Feuer dessen Feuer dessen Flammen wenn es auch noch ein wenig dauert und wer kann daran zweifeln am Ende alles in die Luft sprengen nämlich die Hölle in den Himmel schießen der so blau manchmal noch heute und ruhig so ruhig von einer Ruhe die wenn auch sporadisch nichtsdestoweniger willkommen ist aber greifen wir nicht vor ...« Schließlich bleibt nur noch ein (zweifellos höchst melodisches) Grunzen übrig.

Lob des Yahoo

An dieser Stelle möchte ich eine Lanze für den Yahoo brechen, wie Jonathan Swift ihn beschrieben hat. Im letzten Teil von »Gullivers Reisen« berichtet der Held, dass er im Land der edlen Pferde komplett vertierten Menschen begegnet sei. Er kann gar nicht genug Abscheu vor diesen Yahoos äußern, die erst einmal auf Bäume klettern, um ihn von dort oben mit ihren Exkrementen zu bewerfen. Die Männer wie die Frauen sind am ganzen Körper behaart (nur der Anus liegt blank); die Männer haben Ziegenbärte, und die Frauen schleifen Hängebrüste am Boden vor sich her. »Auf meinen ganzen Reisen«, protokolliert Gulliver, »habe ich nie ein dermaßen unangenehmes Tier gesehen, und auch keines, gegen das ich eine so natürliche und starke Abneigung entwickelte.« Allerdings dürfen wir nicht vergessen, dass wir es hier mit einem parteiischen Bericht zu tun haben. »Gullivers Reisen« ist eine Propagandaschrift für das Denken; und so überrascht nicht, dass Swift jedes Detail weglässt, das für den Yahoo sprechen könnte. Aber auch er kann nicht unterdrücken, dass es sich eigentlich um eine recht glückliche Spezies zu handeln scheint. Die Yahoos streben nicht nach Höherem; sie werden nicht von Sehnsüchten geplagt; sie leiden nicht unter dem, was man Stress zu nennen pflegt. Sie sind ganz zufrieden, in ihrem Schmutz zu sitzen und einander bei Vollmond zu begatten.

Dies ist das Vorbild, das Ihnen ständig vor Ihrem geistigen Auge schweben sollte. Lassen Sie es mich vielleicht noch einmal anders formulieren: Denken erzeugt hässliche Geräusche, wie Kreide, die auf einer Tafel quietschkratscht und damit unsere Ohren foltert. Das Nichtdenken löscht die Kreidespuren mit dem gnädigen, dem sanften Schwamm der Dummheit wieder aus. Endlich dürfen wir wieder in die Affenhorde eintauchen, endlich wird die Last des Mensch-Seins von uns genommen. Und wenn die letzten Spurenelemente der Sprache von uns weichen – dieses Instruments, das nur dazu dient, Unglück zu verbreiten oder festzuhalten –, dann wird die Utopie des Buddha Wirklichkeit. Haben wir uns erst einmal in Yahoos verwandelt, leben wir ganz entspannt im Hier und Jetzt. Nun könnten wir triumphierend sagen (wenn wir noch etwas sagen könnten): »Non cogito, ergo sum« – Ich denke nicht, also bin ich.

Grrrmpf. Grrrmmmpf. Uaaaaah!

DANKSAGUNG

Rolf Behrens wusste noch zwei Gemeinplätze für mich. Rüdiger Dammann hatte die Idee – und die Geduld, hinterher das Manuskript zu lesen. Michael Miersch und Martin Mosebach gaben mir Eizes, und die WELT gab mir frei.

DER AUTOR

Hannes Stein, Jahrgang 1965, studierte Anglistik und Philosophie (in Hamburg) und hat schon für ziemlich viele Zeitungen und Zeitschriften geschrieben (in Deutschland, der Schweiz und Amerika). Er lebte eine Zeitlang in Schottland und längere Zeit in Israel. Heute arbeitet er für die WELT in Berlin; dort ist er als Redakteur für die Samstagsbeilage »Die literarische Welt« mitverantwortlich. Vor acht Jahren hat er sich das Rauchen abgewöhnt, das Denken erst vor kurzem.

Von jetzt an haben Sie immer Recht!

Hannes Stein
Endlich Recht haben!
Der endgültige Ratgeber
200 Seiten · gebunden/Schutzumschlag
€ 14,95 (D) · sFr 24,95
ISBN 978-3-8218-0963-2

Ob Klimawandel, Todesstrafe oder die alte Frage, Beatles
oder Stones: Es gibt Themen, bei denen man einfach
Recht behalten muss – vor allem im Streit mit Freunden,
Kollegen oder der Partnerin. Damit Sie sich nicht länger
von den Argumenten, sprachlichen Finten und psycholo-
gischen Tricks des Anderen übertölpeln lassen, hat Hannes
Stein einen Ratgeber geschrieben, mit dem auch schüch-
terne Naturen frohgemut obsiegen. Denn er liefert nicht
nur das rhetorische Rüstzeug, sondern auch die inhalt-
lichen Argumente – und zwar für Pro und Kontra. Was
immer Sie also beweisen wollen: Mit diesem Buch wird
es Ihnen gelingen.

Eichborn BERLIN
www.eichborn-berlin.de

Helge Timmerberg

Tiger fressen keine Yogis

Stories von unterwegs. Mit einem Vorwort von Sibylle Berg. 256 Seiten. Piper Taschenbuch

Daß Helge Timmerbergs Leben eigentlich ein einziger langer, wilder und bunter Trip durch innere und äußere Welten ist, davon zeugt dieses Buch. Er hat Waffenschieber, Flamencotänzerinnen und Drogenbarone getroffen, ist nach Indien, Japan, Marokko und Andalusien gereist, um in seinen Stories den Geist verschiedener Kulturen, Länder und Menschen einzufangen. Schräg, manchmal nachdenklich, aber niemals langweilig sind die erfolgreichen und abenteuerlichen Reisereportagen dieses modernen Nomaden.

»Es ist in der Tat so, daß man beim Lesen anfängt, die guten Sätze zu unterstreichen, und bald ist die Hälfte des Buchs unterstrichen, und dann schaut man sich die restlichen Sätze an und stellt fest, daß die eigentlich auch sehr gut sind.«
Süddeutsche Zeitung

Helge Timmerberg

Timmerbergs Reise-ABC

Cartoons von Peter Puck. 128 Seiten. Piper Taschenbuch

Wie hoch ist das Risiko, von einer herunterfallenden Kokosnuß erschlagen zu werden? Was tut man, wenn man beim romantischen Strandrendezvous von einem Hunderudel überfallen wird? Und warum sollte man den nächsten Flieger nach Hause nehmen, wenn man im Ausland Zahnschmerzen bekommt? Weltenbummler Helge Timmerberg verrät seine besten Tips und Tricks von A wie Anfängerfehler bis Z wie Zahnarzt. Sein Buch darf in keiner Reisetasche fehlen, denn mancher Rat wird sicher gebraucht in der schönen, gefährlichen Fremde ...

»Ein neues Kultbuch. Jeder, der eine Reise plant, sollte es vorsichtshalber lesen.«
Bunte

PIPER

Annette Pehnt

Insel 34

Roman. 192 Seiten.
Piper Taschenbuch

»Ich habe nie so getan, als ob ich die Insel kenne, und ich bin die einzige, die wirklich hinfahren wollte.« Die Inseln vor der Küste sind numeriert, und niemand ist jemals auf der Insel Vierunddreißig gewesen – nur die eigenwillige Ich-Erzählerin in Annette Pehnts zweitem Roman verspürt ihren rätselhaften Sog. Selbst Zanka, der nach Vanille und Zigaretten riecht und sie in die Liebe einweist, kann sie nicht von der Suche nach ihrem Sehnsuchtsort abhalten. Endlich möchte sie das Leben spüren ...

»Die bezaubernd schillernde Geschichte einer Heranwachsenden, die ihren Sehnsuchtsort findet.«
Die Zeit

Wenedikt Jerofejew

Die Reise nach Petuschki

Ein Poem. Aus dem Russischen von Natascha Spitz. 172 Seiten.
Piper Taschenbuch

Die absurde Reisebeschreibung einer feuchtfröhlichen Zugfahrt ist seit 1978 ein zum Dauerseller mutierter Geheimtip. Auf dem Weg zum Kursker Bahnhof in Moskau beginnt dieses Selbstgespräch des Trunkenboldes Wenedikt Jerofejew, das sich zu einer Reisebeschreibung entwickelt, die in ihrem scharfen Witz und in ihrer bodenlosen Albernheit innerhalb der zeitgenössischen sowjetischen Literatur einzigartig ist. Wenedikt, Einwohner von Moskau, der den Kreml noch nie gesehen hat, weil er im Suff immer wieder daran vorbeigefahren ist, besteigt mit einem Köfferchen voll Schnaps den Vorortzug nach Petuschki. Die Reise wird zu einer einzigen Sauftour: Wenedikt trinkt, die Mitreisenden trinken, Oberschaffner Semjonytsch, der von den Schwarzfahrern statt einer Kopeke ein Gramm Wodka pro Kilometer kassiert, trinkt ...

PIPER

Walter Moers

Die Stadt der Träumenden Bücher

Ein Roman aus Zamonien von Hildegunst von Mythenmetz. Aus dem Zamonischen übertragen und illustriert von Walter Moers. 480 Seiten. Piper Taschenbuch

Der junge Dichter Hildegunst von Mythenmetz erbt ein makelloses Manuskript, dessen Geheimnis er ergründen möchte. Die Spur weist nach Buchhaim, der Stadt der Träumenden Bücher ...
Walter Moers entführt uns in das Zauberreich der Literatur, wo Bücher nicht nur spannend oder komisch sind, sondern auch in den Wahnsinn treiben oder sogar töten können. Nur wer bereit ist, derartige Risiken in Kauf zu nehmen, möge dem Autor folgen. Allen anderen wünschen wir ein gesundes, aber todlangweiliges Leben!

»Es ist die größte, schönste Liebeserklärung an das Lesen und die Literatur, die in diesem Jahr zu haben ist.«
Die Welt

K. L. McCoy

Mein Leben als Fön

Abenteuerroman. Aufgeschrieben von Tilman Rammstedt, Michael Ebmayer, Florian Werner und Bruno Franceschini. 208 Seiten. Piper Taschenbuch

»Mein Leben als Fön« ist die abenteuerliche, aberwitzige und mitreißende Lebensbeichte des Klaus Luzifer McCoy, des verwegenen Zeitreisenden, der unterwegs ist in einer großen Mission – der Kunst des Haartrocknens. Der abenteuerliche Bericht des unerschrockenen K. L. McCoy – eigensinnig, charmant, spielerisch. Zusammengetragen und aufgeschrieben wurde sie von seinen größten Bewunderern.

»Dieses Buch ist so zugespitzt, so absurd und so voller feiner Wortspielereien, dass man eine rechte Freude daran hat.«
Süddeutsche Zeitung

PIPER

Dietmar Bittrich

Dann fahr doch gleich nach Hause!

Wie man auf Reisen glücklich wird. 160 Seiten. Piper Taschenbuch

Ein wunderbares Trostbuch für Urlauber über die schrecklichen Erlebnisse, die jede Reise unwillkürlich mit sich bringt: besetzte Liegen am Pool, lärmende Hotelnachbarn sowie Mitreisende, die mit ihrer Drängelei die Seilbahn ins Schwanken bringen. Dietmar Bittrich kennt sie alle, die kleinen und großen Tücken des Reisealltags – von ungenießbaren Landesspezialitäten bis zu den Warteschlangen vor Sehenswürdigkeiten, die man zu Hause garantiert links liegen lassen würde.

»Lustig im Stil, aber gnadenlos in der Sache, hält Bittrich dem Reisenden einen Spiegel vors Gesicht. Am Ende ist man erschöpft vor Lachen, entsetzt über sich selbst und mit dem Autor einer Meinung: Für achtzig Prozent aller Reisenden ist die Rückkehr das glücklichste Erlebnis des Urlaubs.«
Welt am Sonntag

Radek Knapp

Franio

Erzählungen. 160 Seiten. Piper Taschenbuch

Bloß fünfzig Kilometer soll es von Warschau entfernt liegen, doch scheint das kleine Kaff Anin hundert Jahre hinter der Zeit zu sein – sogar die wenigen Züge, die hier halten, werden noch mit Dampf betrieben. Dort leben Franio, der Analphabet und wunderbare Erzähler von Lügengeschichten, der junge melancholische Konditor Julius, außerdem Weiberhelden und Weltverbesserer, die alle dem Leben in Anin einen unverwechselbaren Rhythmus geben. Humorvolle Geschichten voller verrückter Details, überraschender Wendungen und viel Wärme.

»Radek Knapp grundiert seine Erzählungen mit diesem flüsterleisen Humor, der seine Wirkung nicht aus der Fallhöhe bezieht, sondern aus dem Wissen um das Bodenlose.«
Frankfurter Rundschau

PIPER

05/1892/02/L

05/1097/02/R

Radek Knapp

Herrn Kukas Empfehlungen

Roman. 251 Seiten.
Piper Taschenbuch

Ein Reisebus wie ein umgestürzter Kühlschrank, voll mit Wodka und Krakauer Würsten – und mittendrin Waldemar, der sich auf Empfehlung seines Nachbarn Herrn Kuka auf den Weg nach Wien gemacht hat. Was den angehenden Frauenhelden im goldenen Westen erwartet, erzählt der Aspekte-Literaturpreisträger Radek Knapp in seinem Romandebüt so vergnüglich, daß man das Buch nicht aus der Hand legt, ehe man das letzte Abenteuer mit Waldemar bestanden hat.

»Mit hintergründigem Humor erzählt Knapp von erotischen und kapitalistischen Versuchungen, läßt seinen Helden von ›regelmäßigem Steinzeitsex‹ delirieren und in böse Fallen tappen – und zimmert aus den Verwirrungen des Zauberlehrlings Waldemar eines der unterhaltsamsten und durchtriebensten Bücher der Saison.«
Der Spiegel

Radek Knapp

Papiertiger

Eine Geschichte in fünf Episoden.
160 Seiten. Piper Taschenbuch

Der Sinn des Lebens macht Walerian zu schaffen und läßt ihn immer wieder zu unerwarteten Mitteln greifen. Kein Wunder, denn mit dreißig Jahren sucht er zwar nach seiner Berufung, hat aber kein Ziel vor Augen – und erst recht keinen Plan. Vielleicht sollte er schreiben? Vorerst schlägt er sich mit Gelegenheitsjobs durchs Leben: als Krankenpfleger oder Weihnachtsengel. Doch von einem Tag auf den anderen ändert sich alles – sein Manuskript wird zum Hit der Saison und Walerian plötzlich zum gefragten Mann. Aber ist schaler Erfolg seine wahre Berufung? »Papiertiger« ist die tragikomische Geschichte eines Optimisten, der vorübergehend zum Realisten wird.

»Mit wunderbar leichter Hand und schelmenhaftem Witz zeichnet Radek Knapp in fünf Episoden ein luftiges Bild seines Antihelden.«
Berner Zeitung

PIPER

05/1099/02/L

05/1855/02/R

Barbara Bierach

Das dämliche Geschlecht

Warum es kaum Frauen im Management gibt. 222 Seiten.
Piper Taschenbuch

Frauen in Deutschland sind nicht unterprivilegiert und unterdrückt, sondern verhalten sich einfach falsch – so lautet Barbara Bierachs umstrittene These. Dabei wendet sie sich vor allem an die Frauen, die nach ihrem Studium beginnen, die Karriereleiter hinaufzuklettern – um dann mit Mitte dreißig frustriert in einer Vorstadtvilla zu verschwinden. Nehmt euch einfach die Hälfte des Himmels, lautet Barbara Bierachs ebenso provokanter wie ermutigender Appell.

»Launig und faktenreich erklärt die Wirtschaftsjournalistin in Führungsposition, wie deutsche Frauen sich selbst behindern: Sie lesen Anti-Falten-Ratgeber statt Tageszeitungen, studieren Anglistik statt Statistik. Und sie kämpfen um Kuschelecken statt um Macht, für Frauenquoten statt um bessere Kinderbetreuung.«
Der Spiegel

Paul Watzlawick

Anleitung zum Unglücklichsein

135 Seiten. Piper Taschenbuch

Paul Watzlawicks »Anleitung zum Unglücklichsein« ist zum Kultbuch geworden. Die Geschichten, mit denen der Autor seine Leser zum Unglücklichsein anleitet – etwa die mit dem verscheuchten Elefanten –, sind inzwischen Allgemeingut. Man kann Paul Watzlawicks Buch mit einem lachenden und einem weinenden Auge lesen. Jeder Leser dürfte etwas von sich selbst in diesem Buch wiederfinden – nämlich seine eigene Art und Weise, den Alltag unerträglich und das Triviale enorm zu machen.

»Eine amüsante Lektüre für Leute, die dazu neigen, sich das Leben schwer zu machen – ohne zu wissen, wie sie das eigentlich anstellen. Ein Lesevergnügen mit paradoxem Effekt. Das Nichtbefolgen der ›Anleitung zum Unglücklichsein‹ ist die Voraussetzung dafür, glücklich sein zu können.«
Brigitte

PIPER

Wolf-Ulrich Cropp

Das andere Fremdwörter-Lexikon

*Das passende Fremdwort
schnell gefunden. 533 Seiten.
Piper Taschenbuch*

Fremdwörter sind tückisch, aber Kleinode. Wie gut dosierte Gewürze verleihen sie unserer Sprache Farbe und Präzision. Aber wie heißt doch gleich das Fremdwort für »Glücksbringer« oder für »peinlich«? Von A wie Ablaß bis Z wie zweitwertig listet Wolf-Ulrich Cropp 20 000 deutsche Wörter aus Wirtschaft, Wissenschaft und Kultur alphabetisch auf und nennt die gebräuchlichen Fremdwörter. Zahlreiche Anwendungsbeispiele und Zitate helfen, peinliche Verwechslungen zu vermeiden. Mit einem Griff finden Sie das zündende Fremd-, Szene- oder Trendwort – für Schule, Studium, Beruf und den Quizabend. Mit diesem Lexikon kann jeder seinen Wortschatz erweitern und sein Ansehen steigern.

Wolf Schneider

Wörter machen Leute

*Magie und Macht der Sprache.
432 Seiten. Piper Taschenbuch*

Wir benützen sie dauernd und fast gedankenlos: unsere Sprache. Wörter ordnen uns die Welt, kanalisieren unser Denken, erzeugen Erwartungen und drücken unsere Gefühle aus. Wörter verhüllen Zusammenhänge, können aber auch enthüllen.
Wolf Schneider schärft unseren korrekten Umgang mit der Sprache und gibt eine verständliche Einführung in die heutige Sprachsituation.

»Schneiders Report über den Dschungel unserer Sprache, von den Wurzeln bis zu den Auswüchsen, liest sich spannend wie ein Abenteuerroman.«
Capital

PIPER

Roman Braun

Die Macht der Rhetorik

Besser reden – mehr erreichen.
284 Seiten. Piper Taschenbuch

Die Qualität Ihrer Kommunikation bestimmt Ihren beruflichen Erfolg, Ihre Zufriedenheit und Ihr Lebensglück. Entscheidend ist, wie Sie Ihre Qualitäten präsentieren, Konflikte lösen und Beziehungen aufbauen. Profitieren Sie vom Rhetorik-Know-how der letzten 2500 Jahre, von Aristoteles bis zur Hypno-Rhetorik®. In diesem Buch zeigt Roman Braun Ihnen nicht nur die zehn Einsteiger-Tipps, sondern auch bewährte und innovative Wege zur Rhetorik für Fortgeschrittene.

»So wünscht man sich einen Ratgeber: konsequent praktisch aufbereitete Tipps, die zur sofortigen Umsetzung einladen, illustriert mit Fallbeispielen, die das Thema nachvollziehbar und plastisch machen, und das alles flott und mit viel Hintergrundwissen verfasst. Absolut vorbildlich.«
Zeit zu leben

Wolf Schneider

Deutsch für Kenner

Die neue Stilkunde. 397 Seiten.
Piper Taschenbuch

In Wolf Schneider, dem journalistischen Profi schlechthin, begegnet man einem Lehrmeister der Spitzenklasse. Sein Katalog der Verfehlungen ist schier grenzenlos, sein Katalog der Hilfsmaßnahmen praktisch und einleuchtend. Am ausführlichsten widmet er sich dem obersten Gebot der Verständlichkeit – ein weites Feld! Mit »Deutsch für Kenner« gelang ihm wiederum ein überaus nützlicher Führer durch die deutsche Sprache, eine Fundgrube für jeden, der die deutsche Sprache liebt.

PIPER

05/1442/03/L   05/1258/02/R